北京市当代城镇住宅市场的泡沫水平演变及其原因研究

Research on the Evolution and Its Causes of
Bubble Level of Beijing's Contemporary Urban Housing Market

1987—2015

王浩 著

房价收入比	泡沫水平	变动原因
housing price to income ratio	the bubble level	the evolution reasons

中央编译出版社
Central Compilation & Translation Press

图书在版编目（CIP）数据

北京市当代城镇住宅市场的泡沫水平演变及其原因研究：1987－2015 / 王浩著. —北京：中央编译出版社，2017.12
ISBN 978－7－5117－3461－7

Ⅰ.①北⋯
Ⅱ.①王⋯
Ⅲ.①城镇—住宅市场—泡沫经济—研究—北京—1987－2015
Ⅳ.①F299.271

中国版本图书馆 CIP 数据核字（2017）第 305510 号

北京市当代城镇住宅市场的泡沫水平演变及其原因研究：1987－2015

出 版 人：	葛海彦
出版统筹：	贾宇琰
责任编辑：	曲建文
责任印制：	尹　珺
出版发行：	中央编译出版社
地　　址：	北京市西城区车公庄大街乙 5 号鸿儒大厦 B 座（100044）
电　　话：	（010）52612345（总编室）　（010）52612363（编辑室）
	（010）52612316（发行部）　（010）52612315（网络销售）
	（010）52612346（馆配部）　（010）66509618（读者服务部）
传　　真：	（010）66515838
经　　销：	全国新华书店
印　　刷：	北京市金星印务有限公司
开　　本：	787 毫米×1092 毫米　1/32
字　　数：	134 千字
印　　张：	6.75
版　　次：	2018 年 1 月第 1 版
印　　次：	2018 年 1 月第 1 次印刷
定　　价：	30.00 元
网　　址：	www.cctphome.com　邮　箱：cctp@cctphome.com
新浪微博：	@中央编译出版社　微　信：中央编译出版社（ID：cctphome）
淘宝店铺：	中央编译出版社直销店（http://shop108367160.taobao.com）
	（010）55626985

本社常年法律顾问：北京市吴栾赵阎律师事务所律师　闫军　梁勤
凡有印装质量问题，本社负责调换。电话：（010）55626985

中文摘要

北京市作为首都,当前高企的住房价格引起国内外的关注,经济学界普遍认为北京市住宅市场存在泡沫。然而,北京市住宅市场泡沫水平到底如何?是什么因素决定了当前北京市住宅市场的泡沫水平?哪些因素比较显著地影响着北京市住宅市场泡沫水平的演变?理清这些问题有助于我们了解北京市住宅市场的现状,也有助于我们提出北京市住宅市场泡沫过高的解决方法。

本文在回顾泡沫历史事件基础上,梳理了房地产泡沫共性成因的理论分析;在对不同房地产泡沫测度方法研究基础上,选择房价收入比作为测度北京市住宅市场泡沫的指标;通过回顾北京市当代城镇住宅市场发展的历史脉络,把北京市当代住宅市场发展分为四个历史阶段。主要以这三者为前提,基于新历史学派的研究方法,以北京市住宅市场泡沫水平及其影响因素为主线,从历史的视角直观考察北京市1987—2015年住宅市场泡沫水平演变的状况以及各影响因素的状况，结合房地产泡沫共性成因的理论分析1987—2015年中不同阶段北京市住宅泡沫变动的原因。并采用实证研究对北京市1999—2015年住宅泡沫水平影响进行研究，最后在理论分析和实证研究的基础上，提出降低北京市住宅市场泡沫水平、促进住宅产业健康发展的政策建议。概括为以下四点：

首先，本文进行了三方面的分析梳理。梳理了房地产泡沫共性成因的理论分析，房地产泡沫共性成因的主要理论包括：预期因素影响泡沫水平。供求因素影响泡沫水平，金融支持因素影响泡沫水平，房地产发展的监管和调控政策是房地产泡沫产生和发展的基础。房地产泡沫共性影响因素的理论梳理为本文从历史角度直观考察北京市当代住宅市场泡沫水平，提供了理论分析基础和实证研究的指引。本文评析了不同房地产泡沫测度方法的适用性，认为房价收入比指标适合作为测度住宅市场泡沫水平的指标。选择房价收入比指标作为测度住宅市场泡沫水平指标，为本文科学测度北京市住宅市场泡沫水平提供了合适的方法，是我们进一步从历史、实证的角度，研究北京市当代住宅市场泡沫影响因素的基本前提。本文基于北京市当代城镇住宅市场发展的历史脉络的分析，把北京市住宅市场发展分为四个阶段，这有助于我们从历史视角，对不同历史阶段的北京住宅市场泡沫水平共性影响因素进行分析。

其次，在房地产泡沫共性影响因素理论分析基础上，从历史视角直观考察1987—2015年北京市住宅泡沫水平演变状况和各影响因素变动状况,探讨不同历史阶段住宅市场泡沫水平变动的理论原因。采用历史分析方法对北京市 1987—2015 年间不同阶段,即城镇住房市场化萌芽阶段(1987—1998)、城镇住房市场化初步发展阶段(1999—2004)、城镇住房市场化大发展阶段(2005—2010)、城镇住房市场加强宏观调控阶段(2011—2015)的住宅市场泡沫水平变动的原因进行分析,以明确不同阶段北京住宅市场泡沫变动的理论原因。

再次,理论的分析还需要接受实证研究的检验。本文对 1999—2015 年北京市住宅泡沫影响因素进行实证研究。主要包括两个部分:一是协整回归。以北京市住宅市场房价收入比为因变量,住宅价格年度环比增长率、北京市城镇人口、北京市人均 GDP、住宅投资完成额、房地产开发资金总计中其他资金数量、房地产开发投资中土地购置费比重为解释变量,建立协整回归模型。分析从长期趋势看,各自变量对北京市房地产泡沫水平的影响及其大小。二是误差修正模型。分析北京市住宅市场泡沫水平的短期波动主要受哪些因素影响。合并协整回归和误差修正模型的实证研究结论,结合理论分析的结果得出,城镇人口增加过快导致的供求失衡对北京市住宅泡沫水平的贡献最大,其次是预期因素和金融支持因素。

最后,在综合理论分析和实证研究结论基础上,提出降低住宅市场泡沫水平,促进北京市住宅市场健康发展的政策建议。立足当前,基于历史分析和实证研究的结合,本文认为,可以采取两方面措施降低北京市住宅市场泡沫水平:一是直接措施,采取这些措施能够直接对北京市住宅市场泡沫水平的下降发挥作用,直接措施主要起到治标的作用;二是间接措施,采取这些措施可以间接对降低北京住宅市场泡沫水平发挥作用,间接措施主要起到治本的作用。就直接措施而言,增加配租配售类保障性住房的供应,完善保障性住房监管机制;应该分化当前北京城市功能,以降低住宅市场泡沫水平;继续坚持实行严格的限售和针对二套房严格限贷政策;为了抑制不断上升的北京市住宅泡沫水平,我国政府应该加快北京市房产税的出台。就间接措施而言,北京市应该进一步转变经济发展方式;理清中央政府和北京市政府之间的财税体制,强化土地财政的监管;拓宽普通投资者的投资途径。

关键词: 房价收入比;泡沫水平;变动原因

Abstract

As the capital, the current high housing prices of Beijing caused the attention of both at home and abroad, the economics profession generally believed that Beijing housing market exists bubble. However, how exactly the Beijing housing bubble level is, what factors determine the current bubble level of Beijing housing market, what factors significantly influence the evolution of bubble level of Beijing's housing market? Clearing these questions help us to understand the present situation of the housing market in Beijing, also help us to come up with a solution to solve the high bubble level of Beijing housing market too.

Based on the review of bubble economy events, the paper combed the theory analysis on the common cause of residential real estate bubble ; Based on the study of different measure method of real estate bubble, the paper choose price of housing – income ratio as a indicator to measure bubble of Beijing housing market; Through the review of the development history of Beijing's contemporary urban housing market, the development of Beijing's contemporary housing market is divided into four historical stages. Mainly on the three premise, based on the research method of new historical school and taking bubble level in Beijing housing market and its influencing factors as the main line from history perspective, the paper intuitive study at the conditions of the evolution of Beijing's housing bubble levels and various influence factors between 1987—2015, and the paper analyze the evolution reason of Beijing's housing bubble levels in different stages between 1987—2015 with the combination of the theory analyze on the common cause of residential real estate bubble. This paper empirically studies influencing factor of Beijing's housing bubble level in 1999—2015, finally on the basis of theoretical analysis and empirical research, some policy suggestions are put forward to reduce the level of the housing bubble, to promote the healthy development of housing industry. Summarized as the following four points.

First of all, this article has carried on analysis and arrangement of the three aspects. This paper combed theoretical analysis of the common cause of residential real estate bubble, the paper consider the common cause include that expected factors affecting bubble level, factors of supply and demand influencing bubble level, financial support factors influence bubble level, the policy of supervision and control of real estate development is the foundation of existence and development of housing bubble. This provides the basis of theoretical analysis and guide of empirical study for analyze Beijing's contemporary housing bubble level from the historical perspective, This paper think housing price to income ratio is a appropriate index for measuring housing bubble level after analyzing the applicability of measure method of different real estate bubble. Based on the historical analysis of the development history of contemporary urban residential market in Beijing, the housing market development in Beijing is divided into four stages, which help us analyze common influencing factors in different historical stages of housing market bubble in Beijing, from a historical perspective.

Second, on the basis of the theory analyze on the common cause of housing bubble, from history perspective, the paper intuitive study at the conditions of the evolution of Beijing's housing bubble levels and the change of various influence factors between 1987—2015, try to analyze the evolution reason of Beijing's housing bubble levels in different stages between 1987—2015. History analysis method is used to analyze the evolution reason of Beijing's housing bubble levels in different stages between 1987—2015, the budding stage of the town housing marketization (1987—1998), the initial development stage of urban housing marketization (1999—2004), great development stage of the urban housing housing marketization (2005—2010), strengthen macro – control stage of urban housing marketization (2011—2015). This history analysis helps us make clear theoretical reasons of bubble change in different stages of Beijing housing market.

Again, analysis of the theory need to accept the inspection from the empirical study. This paper empirically studies influencing factor of Beijing's housing bubble level (1999—2015), Mainly includes two parts: one is the cointegration regression. Use housing price – to – income ratio of Beijing's Housing market as the dependent variable, use these variable below as explained variable, annual quarter – on – quarter growth of housing price, urban population of Beijing, Beijing's per capita Gpp, residential investment completed, other funds of total quantity of real estate development – investment funds, the proportion of land purchase expense in the real estate development – investment, cointegration regression model is established to analyze the influence and its size of the respective levels of variables on Beijing's real estate bubble, from the long – term trend, Second, the error correction model is established to analyze what factors that affect short – term volatility of the Beijing's housing bubble level mainly. Combine the conclusions of cointegration regression and error correction model, this paper considers that urban population increase too fast lead to the imbalance of supply – demand, which contribution to the Beijing

Abstract

municipal housing bubble level biggest, followed by the expected factor and financial factor.

Finally, onthe basis of synthesizing the conclusion of theoretical analysis and empirical research, policy Suggestions are put forward to reduce the housing market bubble level, and to promote the healthy development of the Beijing's housing market. Based on the combination of historical analysis and empirical research, this paper considers that two aspects of measures should be taked to reduce Beijing's housing bubble. One is the direct measures, these measures can decrease the level of Beijing housing market bubble directly, direct measures provide solutions to symptom of the problem mainly; The other is indirectly measures, these measures can lower the bubble levels of Beijing's housing market indirectly, indirect measures effect a permanent cure mainly. In terms of direct measures, increase the supply of guarantee housing that is subsidy or offering, perfecting supervision mechanism of guarantee housing; Should alleviate Beijing's current city function to reduce housing bubble level; Continue to adhere to strict restricted sell, continue to execute strictly policy of credit limits on second homes, in order to prevent the rising of the level of housing bubbles in Beijing, the government of China should quicken the pace of formulating real estate tax of Beijing. In terms of indirect measures, the pattern of economic development should be further transformed, clarify finance system between the central government and Beijing municipal government, strengthening budget management of land fiscal revenues, broaden the investment way of ordinary investors.

Key Words: housing price to income ratio; the bubble level; the evolution reasons

目录

一 绪 论 ………………………………………… 1

(一) 选题背景和意义 ………………………… 1

   1. 选题背景 …………………………………… 1

   2. 选题价值和意义 …………………………… 2

(二) 国内外研究现状及述评 ………………… 3

   1. 当前国内外关于房地产泡沫测度的研究 ……… 4

   2. 当前房地产泡沫测度的研究述评 ……………… 13

   3. 国内外对房地产泡沫影响因素的研究 ………… 14

   4. 房地产价格水平及其影响因素的实证研究 …… 21

   5. 当前房地产泡沫影响因素的研究述评 ………… 32

   6. 当前房地产泡沫测度及其影响因素的

      研究述评 ……………………………………… 33

(三) 本文研究内容与思路 …………………… 34

   1. 研究时段的界定 …………………………… 34

   2. 研究范围的界定 …………………………… 34

   3. 研究思路 …………………………………… 35

   4. 主要内容与结构安排 ……………………… 36

（四）研究方法 …………………………………………… 39
（五）主要创新点 ………………………………………… 40
  1. 研究视角创新 ……………………………………… 40
  2. 丰富发展了房地产泡沫的测度方法及影响因素
   实证研究的理论 …………………………………… 41
  3. 方法创新 …………………………………………… 41

二 住宅泡沫概念、共性成因及危害 …………………… 42

（一）泡沫事件的历史回顾 ……………………………… 42
  1. 荷兰郁金香泡沫 …………………………………… 43
  2. 日本的泡沫经济 …………………………………… 45
  3. 泰国的泡沫经济 …………………………………… 47
  4. 美国的次贷泡沫 …………………………………… 49
  5. 海南岛房地产泡沫 ………………………………… 50
（二）住宅泡沫概念的界定 ……………………………… 52
  1. 从泡沫事件发生过程来看泡沫概念 ……………… 52
  2. 住宅泡沫的概念界定 ……………………………… 54
（三）房地产泡沫共性成因的一般性理论总结 ………… 57
  1. 预期是房地产泡沫的主要共性成因 ……………… 58
  2. 供求失衡是房地产泡沫产生的共性原因 ………… 59
  3. 金融支持过度是房地产泡沫的共性助涨因素 …… 60
  4. 管控约束制度的松弛是房地产泡沫形成和发展
   重要的共性制度基础 ……………………………… 60
（四）房地产泡沫及其破裂的危害 ……………………… 62

三 我国房地产泡沫测度方法研究：研究思路及其适用性分析 …… 64

（一）规律验证法的研究思路、适用性分析 …… 66
    1. 基于房地产增加值占 GDP 比例的国际比较 … 67
    2. 基于相关产业生产技术联系的国际比较 …… 68
    3. 基于房地产投资占 GDP 比重的国际比较 …… 69

（二）直接检验法研究思路、适用性分析 …… 70

（三）间接检验法研究思路、适用性分析 …… 75

（四）指标法和因子分析法的研究思路 …… 78
    1. 指标法的研究思路 …… 78
    2. 因子分析方法的研究思路 …… 80

（五）指标法和因子分析法的适用性分析 …… 81

（六）房价收入比是适合作为测度住宅市场泡沫的指标 … 86

（七）本章小结 …… 91

四 北京市当代城镇住宅市场发展的历史回顾 …… 93

（一）北京市住宅市场化发展的萌芽阶段（1986—1998） …… 94
    1. 我国城镇住宅改革阶段（1978—1998） …… 94
    2. 北京市城镇住宅市场化发展萌芽阶段（1986—1998） …… 100

（二）北京市住宅市场化发展初期（1999—2004） …… 102

（三）北京市住宅市场大发展时期（2005—2010） …… 105

（四）北京市住宅市场加强宏观调控时期

（2011—2015） …………………………………… 107

五 北京市住宅市场泡沫水平演变原因的历史透视

（1987—2015） ………………………………………… 109

（一）计算北京市住宅市场泡沫的临界值选择及

相关说明………………………………………… 109

1. 北京市住宅泡沫指数的临界值选择 ………… 110

2. 公式选择和人均住宅建筑面积的

数据说明…………………………………… 112

（二）1987—2015 年北京市城镇住宅市场泡沫

水平变动………………………………………… 113

（三）北京市城镇住宅市场泡沫水平变动原因的历史透视

（1987—2015） ………………………………… 116

1. 北京市住宅市场泡沫水平的历史透视

（1987—1998） ……………………………… 116

2. 北京市城镇住宅市场初步发展阶段

（1999—2004） ……………………………… 117

3. 北京市城镇住宅市场大发展时期

（2005—2010） ……………………………… 123

4. 北京市城镇住宅市场加强宏观调控时期

（2011—2015） ……………………………… 131

（四）本章小结…………………………………… 135

六 北京市住宅市场泡沫水平水平演变的实证分析（1999—2015） ……………………………………… 138
（一）变量的选取及其原因 ………………………………… 139
（二）数据的处理 …………………………………………… 142
（三）实证分析过程 ………………………………………… 145
  1. 变量之间的协整检验 ………………………………… 145
  2. 加入 X_7 之后的协整检验 …………………………… 149
（四）协整回归的结论分析 ………………………………… 152
（五）误差修正模型 ………………………………………… 153
  1. 误差修正模型的建立 ………………………………… 154
  2. 误差修正模型分析 …………………………………… 154
（六）实证结论及其分析 …………………………………… 156
  1. 基于实证结论的总分析 ……………………………… 156
  2. 实证研究结论与理论分析结论的对比与吻合 ……… 158
（七）实证研究结论和理论分析结论的综合与总结 ……… 160

七 降低泡沫水平、促进北京市住宅市场健康发展的政策建议 ………………………………………………… 162
（一）增加配租配售类保障性住房的供应，完善保障性住房监管机制 …………………………………… 163
  1. 增加配租配售类保障房的供给 ……………………… 163
  2. 保障性住房的申请、审核、衔接、退出制度存在缺陷 …………………………………………… 166

3. 完善保障房的申请、审核、衔接和退出的
       监管体制 ·· 168
  (二) 分化当前北京城市职能，降低住宅泡沫············ 169
  (三) 继续实行限售和针对二套房的严格限贷政策······ 172
  (四) 严格二手房交易的税收监管 ·························· 173
  (五) 加快房产税的实施 ······································ 175
  (六) 进一步转变北京经济发展方式 ······················· 177
  (七) 转变北京市当前面临的财税体制，强化土地财政的
       监管 ·· 178
  (八) 拓宽普通家庭和个人的投资渠道 ···················· 180

八 研究结论和展望 ··· 182
  (一) 研究结论 ··· 182
  (二) 本文的不足和研究展望 ································· 184

参考文献 ··· 186

一 绪 论

(一) 选题背景和意义

1. 选题背景

北京作为首都,在我国具有特殊的经济政治地位。北京市住宅产业一直保持高速增长,北京市住宅市场的住宅均价基本上一直呈单向上涨之势,1987年为627元/平方米[①],1998年为4815元/平方米,2015年为22300元/平方米[②]。上述价格是就全北京市范围而言,2013年,北京四环平均楼面价为5万元/平方米。据易居中国旗下的克而瑞CRIC数据监测显示,2016年8月,2环以内的新建普通住宅每平方米成交均价达到92972

[①] 张红、李文诞:《北京商品住宅价格变动实证分析》,载《中国房地产金融》2001年第3期。

[②] 数据来源于中经网统计数据库。

元，2—3环的达到91823元，3—4环的达到91470元。①

就住宅投资完成额和住宅销售面积而言，都有了极大增长。1993—1997年，北京市年均住宅投资完成额为190.06亿元，而2012—2015年该值为1772.04亿元。1990—1998年北京市商品住宅年均销售面积仅为176.04万平方米，2005—2010年该值达到2193.21万平方米，2012—2015年的年均销售面积尽管有所下降，但仍然有1277.53万平方米。②

基于这二十多年来持续的高速增长，经济学界普遍担心北京市住宅价格太高影响北京城市居民基本住房需求的满足，也担心北京市住宅市场泡沫涉及范围太广，影响北京市房地产业与经济发展的协调关系及北京市经济的持续稳定发展；担心北京市住宅产业发展太快，泡沫太大，最终泡沫破裂，影响北京经济的持续稳定增长和北京市市民的生活水平，甚至影响我国宏观经济整体的运行效率和长期的经济增长。

2. 选题价值和意义

（1）理论价值：基于对房地产泡沫共性成因已有文献的总结和梳理，从历史视角分析影响北京市1987—2015年住宅市场泡沫水平变动的共性原因，有利于明晰房地产泡沫共性成因分析的理论框架；对不同的房地产泡沫测度方法进行研究，在对

---

① 《8月北京新建普通住宅成交均价：东城区最高，4环以内趋近10万》，中商情报网，2016年9月13日。
② 据中经网统计数据库数据计算。

比和分析基础上寻找合适的住宅市场泡沫测度方法，有利于拓宽和深入我国房地产泡沫测度方法的研究框架；以房价收入比指标测度北京市1987—2015年的住宅市场的泡沫，以房地产泡沫为因变量，对影响北京市2002—2015年住宅泡沫水平的因素进行实证研究，有利于拓展住宅市场泡沫水平的实证研究的理论框架和方法创新。

（2）现实意义：作为我国的首都，无论就区域经济还是全国经济格局，北京市都具有特殊的地位和重要影响。北京市当前住宅市场的泡沫水平到底如何？泡沫产生的原因是什么？是一个值得关注和深入研究的问题。对北京市当代住宅市场不同时期的泡沫水平进行准确的测度，从历史视角，对北京当代住宅市场不同时期的泡沫水平演变的原因进行分析，有助于我们清醒地认识到北京市住宅市场泡沫水平演变的原因，关系到中央政府和北京市政府以怎样的调控措施和力度对待北京市住宅市场，也关系到较长一段时期内北京市房地产经济和宏观经济能否实现协调发展，因此具有重要的现实意义。

（二）国内外研究现状及述评

无论是建筑面积，还是产值，住宅均在房地产中占据主要部分，住宅是房地产最重要的组成部分。房地产泡沫一般主要指住宅类型房地产泡沫或简称为住宅泡沫。为了叙述方便，本文中提及房地产泡沫时，如不特别区分，和住宅泡沫所指为同一内涵。对房地产泡沫水平的原因研究可以分为两个方面：对房地产泡沫水平测度的研究和对房地产泡沫水平影响因素的研究。当前对房地产泡沫水平的测度研究或者指对一般意义上的房地产的泡沫水平测度，同样适用于住宅，或者只指对住宅泡沫的测度。因而房地产泡沫水平测度的研究也就是对住宅泡沫测度的研究。当前对房地产泡沫影响因素的研究同样如此，或者指对一般意义上房地产泡沫影响因素的研究，或者指住宅泡沫影响因素的研究。

1. 当前国内外关于房地产泡沫测度的研究

房地产在国民经济中居于重要地位，房地产泡沫水平的测度，一直是国内外研究的热点。本文经过对相关文献的搜集整理与分析归纳，认为按照研究视角、研究思路或测度方法，可以把当前国内外房地产业泡沫测度的研究分为以下五类。

（1）直接检验法

直接检验法能够检测房地产泡沫的有无和大小。假定市场有效，理性预期，建立模型测算房地产的基础价值，和实际房价做比较以得到房地产价格泡沫的数值。包括三类。

① 收益贴现法

利用未来房地产租金的贴现值来计算房地产基础价值。日本野口悠纪雄用这种方法对日本的城市地价进行了计量。[①] 孙

[①]〔日〕野口悠纪雄：《土地经济学》，汪斌译，北京商务印书馆1997年版，第42—65页。

伟利用这种模型，采用当前的房地产租金代替未来预期的租金值，以电力债券的年收益率代替房地产投资的贴现率，测度了上海、杭州、深圳、西安四城市的房地产泡沫。①

② 拉姆齐（Ramsey）模型检验法

主要是利用拉姆齐模型，根据最优均衡条件下边际资本收益率相等获得投资房地产的边际资本收益率，和实际房价增长率比较，从而得到历年房地产泡沫度。叶卫平和王雪峰利用这种方法测度了 2000—2004 年房地产的价格泡沫。②

③ 状态空间方程检验

状态空间方程的运用者认为房地产的基础价值和泡沫难以确定，可以把房地产价格泡沫作为无法观测到的状态变量，建立状态方程；把房地产基础价值看作一个外生变量决定的量，以房地产实际价格作为因变量，决定基础价值的外生变量和房地产价格泡沫为自变量，建立量侧方程；状态方程与量测方程组成状态空间方程组，在状态方程基础上估计量测方程的回归系数，得到房地产的基础价值。WU 用这种方法检验了 1871—1992 年的美国股市数据，发现有泡沫存在的明显证据。③ 韩冬

---

① 孙伟、扈文秀：《基于 R – B 模型的房地产泡沫》，载《预测》2008 年第 4 期。

② 叶卫平、王雪峰：《中国房地产泡沫到底有多大》，载《山西财经大学学报》2005 年第 8 期。

③ Wu, Yangru. "Rational Bubbles in the Stock Market: Accounting of the U. S. Stock – Price Volatility", *Economic Inquiry*, 1997 (35): 309 – 319.

梅等分别以供给和需求作为因变量,以商品房竣工面积和销售面积作为上海市商品房市场中的供给与需求的代理变量,以商品房销售价格、城镇居民可支配收入等因素作为需求方程的自变量,以商品房销售价格、国内生产总值、3—5年实际贷款利率、狭义货币供给量作为供给方程的自变量,把所有自变量均作为状态变量,建立不包含商品房价格泡沫状态变量的供给和需求两个变参数方程,组成方程组,认为市场供求均衡时的商品房价格就是基础价格。①

(2) 间接检验法

假定不存在房地产价格泡沫,则房地产价格和房地产租金的时间序列必然符合某种假定关系。设定这种假定关系,对上述两者时间序列或者两时间序列的某种假定关系进行检验。通过检验则不存在房地产价格泡沫,反之则存在。主要有单位根—协整关系检验法和韦斯特(West)模型检验法。间接检验法只能检验是否存在房地产价格泡沫,并不能在检验基础上测度泡沫的大小。

① 单位根—协整关系检验法

迪巴(Diba)和格罗斯曼(Grossman)提出了基于单位根—协整的泡沫检验方法,并对标准普尔指数股票市场价格泡沫

---

① 韩冬梅、屠梅曾、曹坤:《房地产价格泡沫与货币政策调控》,载《中国软科学》2007年第6期。

进行了检验。① 把这种方法运用到房地产泡沫的检验中可以这样认为：如果房地产实际销售价格不存在泡沫，那么，房地产价格和房地产租金的单位根必然相同，而且具有协整关系，房地产价格等于不同加权值下的房地产租金之和。按照这一认识，对房地产价格和房地产租金的时间序列进行单位根检验和协整检验，若两者单位根相同，则进一步进行协整检验，通过单位根检验和协整检验，则不存在房地产价格泡沫；不通过，则存在。曾五一、李想用这种方法检验了2003年到2009年我国35个大中城市的房地产价格是否存在泡沫。②

② 韦斯特模型检验法

韦斯特模型检验法是韦斯特为检验股票价格泡沫设立的一种检验方法。③ 韦斯特认为，如果股票价格不包含泡沫，那么实际股价对股息前期值的回归系数与基础股价和股息之间函数关系的系数具有一致性。韦斯特通过这种方法检验了1871—1980年的标准普尔500指数和1928—1978年道琼斯指数，结论为存在泡沫。韩德宗以房价代替股价，以房租代替股息，运用韦斯特模型检验法检测了1991年第1季度至2003年第4季度

---

① Diba, B. T. and Grossman, H. L. "Explosive Rational Bubbles in Stock Prices?". *The American Economic Review*. 1988（78）：520 – 530.

② 曾五一、李想：《中国房地产市场价格泡沫的检验与成因机理研究》，载《数量经济技术经济研究》2011年第1期。

③ West, K.. "A Specification Test for Speculative Bubbles". *Quarterly Journal of Economics*，1987（102）：553 – 580.

北京、上海、深圳的房地产市场是否存在泡沫。①

(3) 指标法

指标法是国内学者测度房地产泡沫的最主要方法。主要包括单指标法、多指标法。指标法一般是通过获取选取指标的实际数值和临界值，也就是不允许值相比较，小于临界值则正常不存在泡沫，大于则存在。指标数值超过临界值的部分代表泡沫的大小。

第一，单指标法。利用单个指标，通过比较实际指标值和指标临界值的差异，测度房地产泡沫是否存在和大小。用公式表示为：$B = (C - D)/D$。其中 B 代表泡沫程度，C 代表单指标实际值，D 代表单指标临界值。

用来测度房地产泡沫的单指标包括房价收入比、房地产投资增长率、房地产贷款总额/金融机构贷款总额、房地产开发投资额/固定资产投资额、商品房施工面积/商品房竣工面积、房屋空置率、房地产价格增长率/GDP 增长率等。很多学者采用多指标、多元统计方法时，也常用单指标法先评测一下泡沫水平。

---

① 韩德宗：《基于 West 模型的房地产泡沫的实证研究——以北京、上海、深圳为例》，载《当代经济科学》2006 年第 5 期。

修丽娜、刘湘南和黄凌翔①,史明瑛和宁建华②,吕江林③,李泽明、刘依依和张乾瑾④等,采用单指标法计算了我国或某些城市的房地产泡沫水平。如吕江林以房价收入比作为评价指标计算了我国35个大中城市2006—2008年住房市场的泡沫水平,结论是总体存在较大的泡沫。

第二,多指标法。多指标法认为单指标法只能从房地产的某一方面来衡量房地产业的泡沫,所以产生了多指标法。多指标法一般通过选取房地产生产、交易、金融、消费等类若干指标组成指标体系,通过主观设定不同指标的临界值和权重计算指标综合指数。多指标法主要包括多指标法和功效系数法。

安鹏、蔡明超和高国华⑤,李金和何雄浪⑥,吕铮和高明⑦采用多指标法测度了我国或者某些城市的一定年度内房地产泡沫水平。如吕铮和高明测度了重庆市1997—2009房地产的泡沫。

---

① 修丽娜、刘湘南、黄凌翔:《房地产泡沫实证分析——以天津市为例》,载《城市发展研究》2009年第7期。

② 史明瑛、宁建华:《安徽省及合肥市房地产泡沫的实证研究》,载《预测》2009年第4期。

③ 吕江林:《我国城市住宅泡沫水平的度量经济研究》,载《经济研究》2010年第6期。

④ 李泽明、刘依依、张乾瑾:《我国房地产泡沫的实证分析》,载《统计与决策》2012年第14期。

⑤ 安鹏、蔡明超、高国华:《中国房地产泡沫的测度与成因解析——以上海市为例》,载《统计与决策》2008年第20期。

⑥ 李金、何雄浪:《我国房地产泡沫的实证研究》,载《中南民族大学学报》(人文社会科学版)2010年第6期。

⑦ 吕铮、高明:《重庆市房地产市场泡沫测度研究》,载《西南师范大学学报》(自然科学版)2012年第5期。

(4) 因子分析方法

检测房地产业泡沫可用的指标包括生产类、交易类、消费类、金融类等几十种，如果依靠主观选择每类的代表性指标，依靠主观判断来确定所选指标的权重和临界值，显然缺乏客观性。因此可以用因子分析法变这些主观决定的部分为客观决定。王子成、明娟[1]，冯利英和李海霞[2]，焦继文、郭灿[3]，运用这种方法测度了我国或某些省市的房地产泡沫。如王子成、明娟测度了1995—2005年广州市房地产泡沫。

(5) 规律验证法

运用规律验证法的研究者肯定这样认为，在国民经济协调发展情况下，房地产发展中的相关变量应该遵循某种比例关系或某种规律。如果所测度的国家房地产发展符合这种规律，则可认为不存在泡沫；如果所测度国家房地产发展中相关变量大于某种比例关系，则可认为存在泡沫。主要包括以下三种测度方法：一是通过对房地产业增加值占GDP的规律的研究和发现来测度我国房地产泡沫；二是房地产投资占人均GDP的规律的

---

[1] 王子成、明娟：《珠三角房地产泡沫测度实证研究——以广州为例》，载《经济地理》2007年第9期。

[2] 冯利英、李海霞：《基于因子分析法的我国房地产泡沫测度分析》，载《中国房地产》2012年第12期。

[3] 焦继文、郭灿：《山东省房地产泡沫的实证研究》，载《统计与决策》2012年第10期。

研究和发现来测度我国房地产泡沫;三是对房地产业和相关产业的生产技术联系的规律的研究和认识来测度所测度国家的房地产泡沫。这种测度方法只能估测房地产泡沫的有无,而不能测度其大小。

① 从房地产增加值占 GDP 比例的国际比较,研究中国房地产业的泡沫

杨朝军、廖士光、孙洁[①]和李玉杰、王庆石[②]的研究发现,在人均 GDP 不同阶段,美国等发达国家房地产业增加值占 GDP 的比例在不同的较小波动区间内保持稳定。基于这种发现,他们把人均 GDP 相同阶段的该比例值与我国比较,对我国当前房地产业是否存在泡沫进行分析。

② 借助投入产出模型,基于房地产业与相关产业关联度的国际比较,研究中国房地产业的泡沫

王国军、刘水杏[③]和李玉杰、王庆石[④]以投入产出表为基础,通过对房地产业与其他相关产业的前向、后向关联关系以及对相关产业的带动效应的分析和国际比较,对当前我国房地

[①] 杨朝军、廖士光、孙洁:《房地产业与国民经济协调发展的国际经验及示》,载《统计研究》2006 年第 9 期。

[②] 李玉杰、王庆石:《国外房地产业与国民经济协调发展的经验及其启示》,载《东北大学学报》(社会科学版)2011 年第 3 期。

[③] 王国军、刘水杏:《房地产业对相关产业的带动效应研究》,载《经济研究》2004 年第 8 期。

[④] 李玉杰、王庆石:《房地产业对相关产业带动效应的国际比较研究》,载《世界经济与政治论坛》2010 年第 6 期。

产业和其他行业的生产技术联系是否合理、是否存在泡沫等进行研究。他们发现，我国房地产业与金融保险等行业的关联度偏高，说明我国房地产业过度依赖金融保险业，发展过热，存在泡沫。

③从房地产投资占GDP比例的国际比较，研究所测度国家房地产泡沫程度

鲍尔（M. Ball）和莫里森（T. Morrison）[①]、诺蒙德（Y. C. Romand）[②]分别详细地分析总结了房地产投资与各国经济增长的内在关系，得出结论：尽管房地产投资占GDP的比重，在人均GDP相同水平下因国家不同而有差别，但按照一般规律，房地产投资与人均GDP存在着内在关系，房地产投资占GDP的比重刚开始随人均GDP增加，人均GDP达到一定值后，这一比例达到最高值，超过一定值后开始下降。但他们所取的样本有差别，因而在人均GDP相同阶段，房地产投资占GDP的比重并不相同。他们认为基于所测度国家房地产投资占GDP比重与这种规律的对比，可以获得这些国家房地产泡沫水平的认识。

[①] M. Ball, T. Morrison. "Housing Investment Fluctuation: An international Comparison". *Housing, Theory all society*, 1995（9）：1-2.

[②] Y. C. Raymond. "Causal Relationship Between Construction Flows and GDP: Evidence From Hong Kong." *Construction Management and Economics*, 1997（15）: 371.

2. 当前房地产泡沫测度的研究述评

从上述关于房地产泡沫测度方法的研究回顾可以看到,首先是针对北京市房地产泡沫测度的研究较少,而更重要的是,测度我国房地产泡沫的诸多研究文献,呈现了区别显著的测度方法和研究思路。这些不同的测度方法在我国现实国情下的适用性如何,关系到本文中对北京市住宅市场泡沫水平的准确测度,以及对住宅泡沫水平影响因素的分析,是一个值得思考的重要问题。然而,当前针对我国房地产泡沫测度方法的研究是一个薄弱的环节。刘琳、黄英、刘洪玉认为国外的统计体系比较完善,设计的指标对我国并不适用,应根据我国情况设计新的指标。[1] 刘治松评价了空置率、房价收入比、房价增长率/GDP 增长率这三个指标对于测度我国房地产泡沫水平的适用性[2],蒋南平对房地产泡沫测度指标进行了质疑,并提出了新的指标。[3] 上述文章主要涉及指标法中测度指标的选择。另外一些研究测度房地产泡沫的学者,在文章中用少量篇幅回顾了

---

[1] 刘琳、黄英、刘洪玉:《房地产泡沫测度系数研究》,载《价格理论与实践》2003 年第 3 期。

[2] 刘治松:《我国房地产泡沫及泡沫测度的几个理论问题》,载《经济纵横》2003 年第 10 期。

[3] 蒋南平:《中国房地产泡沫测度指标的分析与建立》,载《当代财经》2009 年第 10 期。

已有研究文献的优缺点,如袁志刚①、曾五一②、吕江林③等。这类回顾涉及不同研究方法的不完全对比,一般直接指出已有研究方法的不足,以引出自己方法的合理性,并不是在对已有研究方法的研究思路进行评析基础上得出的。总之,当前从房地产泡沫主要测度方法的研究思路出发,对不同测度方法对我国的适用性进行评析的文献极少。

3. 国内外对房地产泡沫影响因素的研究

当前对房地产泡沫影响因素的研究可以分为两类:对房地产泡沫影响因素的研究和对房地产价格影响因素的研究。房地产泡沫主要是指房地产价格超过与经济基本面一致的价格水平,价格过高。如果从这个角度出发,房地产价格水平是房地产泡沫的最主要的表象和衡量标准。同时,房地产价格的影响因素也有可能是房地产泡沫的影响因素。那么,对房地产价格水平及其影响因素的实证研究也就可以看作对房地产泡沫的间接研究。

(1) 对资产泡沫影响因素的研究

经济学界最初对泡沫影响因素的研究并不是专指房地产泡

---

① 袁志刚:《房地产市场理性泡沫分析》,载《经济研究》2003年第3期。
② 曾五一、李想:《中国房地产市场价格泡沫的检验与成因机理研究》,载《数量经济技术经济研究》2011年第1期。
③ 吕江林:《我国城市住宅泡沫水平的度量经济研究》,载《经济研究》2010年第6期。

沫，而是指一般意义上的资产泡沫。

美国著名经济学家查尔斯·P.金德尔伯格认为，泡沫可以不太严格地定义为：一种资产或一系列资产的价格在一个连续过程中的急剧上涨，初始的价格上涨使人们产生价格会进一步上涨的预期，从而又吸引新的买者——这些人一般是以买卖资产牟利的投机者，对资产的使用及其盈利能力并不感兴趣。随着价格的上涨，常常是预期的逆转和价格的暴跌，由此通常导致金融危机。[1]

弗勒德（Flood）指出，潜在交易者按照一种线性相关的过程进行预测，反复博弈，当人们预期的价格与市场价格变化正相关时，就可能在某些领域形成泡沫。[2]

萨莫斯（Summers）认为资产价格与其基本价值之间的偏差是由时尚潮流的变化或者投资者情绪所导致的。[3]

布拉克（Black）最先将噪声的概念引入对泡沫的研究，他指出非理性的噪声交易使得股票价格成为噪声价格，因此不能充分反映信息所包含的全部内容。噪声交易者通过交易不断将噪声累加到资产价格中，使得资产价格持续偏离其基础价值，

---

[1] 〔英〕约翰·伊特韦尔、〔美〕默里·米尔盖特、〔美〕彼得·纽曼主编：《新帕尔格雷夫经济学大词典》第一卷，陈岱孙等编译，经济科学出版社1996年版，第281页。

[2] 转引自白洁：《房地产市场的蝴蝶效应分析》，西南财经大学硕士论文，2006年。

[3] Summers L H. "Does the Stock Market Rationally Reflect Fundamental Values?". *Journal of Finance*, 1986 (41): 591-601.

从而形成资产泡沫。① 德龙（Delong）、施莱佛（shleifer）、萨莫斯、瓦尔德曼（Waldma）还将噪声交易模型化，使该理论更加完善。②

米尔顿·弗里德曼（Milton Friedman）③、赫什莱弗（Hirshleifer）④、菲戈（Feiger）⑤、哈里森（Harrison）与克雷普斯（Kreps）⑥和金德尔伯格（Kindleberger）⑦在研究中认为市场参与者常常相信，市场基础仅能部分地决定价格，外来因素如群体心理、时尚、狂热而引起的投机行为，也是决定价格和泡沫的重要因素。

艾伦（Allen）和盖尔（Gale）证明了银行对泡沫生成具有重要作用。艾伦等人从信息不对称的视角出发，考虑到投资行为中的委托代理关系，建立了一个实际部门与金融机构之间互动的资产泡沫模型，从中得出接受投资者委托的金融机构引致

---

① Black R. "Noise". *The Journal of Finance*, 1986（3）：529-543.
② Delong. Shleifer. Summers. & Waldmann. "Noise trader risk in financial markets". Journal of Political Economy. 1990（4）：703-738.
③ Milton Friedman. *The case for Flexible Exchange Rate*, *Essays in Positive Economics*, University of Chicago Press, 1953：62.
④ Hirshleifer. "Speculation and Equilibrium: Information Risks and Markets". *Quaterly Journal of Economics*, 1975（89）：519-542.
⑤ Feiger, G. "What is Speculation?". *Quaterly Journal of Economics*, 1976（90）：667-687.
⑥ Harrison J M. & Kreps D M. "Speculative Invester Behaviour in a Stock Market with heterogeneous Expectation". *Quaterly Journal of Economics*, 1978（92）：323-336.
⑦ Kindleberger C. P. *Manias, Panics and Crashes: A History of Financial Crises*. Oxford University Press, USA, 1989（37）.

的代理问题最终导致资产泡沫。他们也进一步证明,信贷扩张与房地产价格的上升一定程度上具有同期效应,并且对将来信贷扩张的预期也能使当期的房地产价格上升。①

(2) 对房地产泡沫影响因素的研究

美国著名经济学家查尔斯·P. 金德尔伯格认为:"房地产泡沫可理解为房地产价格在一个连续的过程中的持续上涨,这种价格的上涨使人们产生价格会进一步上涨的预期,并不断吸引新的买者——随着价格的不断上涨与投机资本的持续增加,房地产的价格远远高于与之对应的实体价格,由此导致房地产泡沫。泡沫过度膨胀的后果是预期的逆转、高空置率和价格的暴跌,即泡沫破裂,它的本质是不可持续性。"② 从金德尔伯格关于泡沫和房地产泡沫的定义可以看出,泡沫和房地产泡沫的本质是基本相同的,预期和预期引起的投机资本都在其中扮演了重要作用。

Wong 和巴特利(M. Baddeley)主要研究了预期和羊群效应等对房地产泡沫的影响。Wong 以泰国地产泡沫为背景发展了一个动态模型,展示了在经济过热、国际资本大量流入的情况下,

---

① Allen. Franklin. Douglas Gale. "Bubbles and Crises", Wharton Working Paper Series, Wharton Financial Institutions Center, 2000.

② 〔英〕约翰·伊特韦尔、〔美〕默里·米尔盖特、〔美〕彼得·纽曼主编:《新帕尔格雷夫经济学大辞典》,陈岱孙等编译,经济科学出版社1996年版,第306页。

地产商对市场过度乐观的预期以及人们预期间的相互作用所产生的"羊群效应"在地产泡沫产生和膨胀过程中的作用机制。①巴特利通过建立需求模型，衡量成交额与预期、羊群效应、市场非理性程度等之间的关系，对英国 1980 年代房地产泡沫形成过程进行了研究。他发现在信息不完全和不确定的状况下，预期会推动需求，产生羊群效应。当投资者普遍乐观时，泡沫将出现；当投资者普遍悲观时，泡沫将破灭。②

洪·哈里森等（Harrison Hong）③ 和格莱泽（Glaeser）④ 等研究了供求因素对于房地产泡沫的影响。洪·哈里森等和格莱泽通过研究房地产价格与房地产供给之间的关系，指出在房地产供给弹性较小的市场中，容易产生房地产泡沫。可以看出，洪·哈里森等和格莱泽都认为，供需失衡是泡沫的原因。

李航则将噪声交易者模型运用到房地产市场中，从需求、供给和金融机构这三方市场主要参与力量入手，建立相应的理

---

① Wong Kar - jiu. "Housing Market Bubbles and Currency Crisis: The Case of Thailand". Presented at the international Conference on 'The Asia Crisis: The Economics Front' Held in Seattle, December 29 - 30, 1998.

② Baddeley Metal. "Stuctural shifts in UK unem - ployment 1979 - 2005". *Bulletin of Economic Research*, 2008（60）: 123—157.

③ Harrison Hong, Jose Scheinkma, Wei Xiong "Asset Float and Speculative Bubbles" *Journal of Finance*, 2006（3）: 1073 - 1117.

④ Glaeser, Edward L. Gyourko, Joseph; Saiz, Albert "Symposium: Mortgages and the Housing Crash: Housing Supply and Housing Bubbles" *Journal of Urban Economics*, 2008（2）: 198 - 217.

论模型，分析引起房地产价格变化和房地产泡沫产生的重要因素。①

谢经荣、雷诺（B. Renaud）、伯南克（B. Bernanke）研究了金融因素对于房地产泡沫的影响。谢经荣等通过建立一个地产商和银行两方面的资本市场局部均衡模型说明，资产价格与信贷数量相关，资产回报的不确定性将导致资产泡沫的产生，而信贷扩张程度不确定性及人们对未来信贷扩张的预期将提高泡沫的严重程度。②雷诺在对1985—1994年全球房地产周期的研究中，认为在放松金融管制和金融自由化的情况下，金融机构违规借贷累积了金融风险，加速了房地产周期波动和房地产泡沫的形成与破灭。他发现这一时期，这些国家存在一个共性，即金融体系结构性变化在泡沫发生中起到导火索和推波助澜的作用。在解除金融监管和放松贷款条件后，贷款额会大量增加，从而导致泡沫的产生。房地产泡沫与金融自由化以前的控制广度、金融自由化过程中解除监管措施的速度存在直接的相关性。③伯南克建立了一个财富效应的BGG模型，对货币政策取向与资产价格波动之间的关系进行了研究。他对比分析了1980年代美联储和1990年代日本央行的货币政策的影响，验证了他

---

① 李航：《城市房地产泡沫检测及其形成机理：理论模型与经验研究》，浙江大学博士论文，2014年。
② 谢经荣：《地产泡沫与金融危机—国际经验及其借鉴》，北京经济管理出版社2002年版。
③ Benaud B. "The 1985 to 1994 global real estate cycle", BIS Papers, 1997, No 21.

之前的结论,即货币政策扩张性越低,泡沫发生可能性就越小;货币政策中扩张性越高,泡沫发生可能性就越大。① 从谢经荣、雷诺及伯南克的研究可见,金融因素是房地产泡沫产生和发展的成因。

西户(Saito)、安培正成(Alpandaetal)、伯南克及雷诺研究了制度因素对于房地产泡沫的影响。西户通过比较分析给出了日本房地产泡沫破裂的原因,认为文化心理、日本货币政策的失误和日本房地产企业缺乏金融纪律是导致日本房地产泡沫的主要因素。② 安培正成采用日本1980—2002年间的相关数据,通过建立平衡增长路径及红利增长等模型,从企业融资决策角度研究了日本政府地价泡沫周期与土地税收政策之间的关系。他们发现,由于日本政府实施了地税税率与地价反向变动的税收政策,土地作为抵押品可以带来较大的避税价值,企业在融资决策中都将土地作为抵押品来减少它们的税收负债。因此,由经济发展引起的地价小幅振动会被放大。其具体的机理为:由于税率和地价反向变动,因此地价初始增长会降低税率,这又推动了地价上涨。地价和税率之间的比率不断被推高,最终形成泡沫。③ 西户、安培正成、伯南克及雷诺 的研究发现具有

---

① Bernanke & Gertler. "Monetary policy and asset price volatility", Working Paper, 1999.

② Satio H. "The US Real estate bubble, A Comparison to Japan". *Japan and world economy*, 2003 (15): 365 – 371.

③ Alpandaetal. "The boom – bust cycle in janpanese asset price", working paper, 2007.

共同点,即制度因素是房地产泡沫产生的原因。

房地产作为资产的一种形态,研究者往往借鉴资产泡沫的影响因素研究视角,对房地产泡沫的影响因素进行研究。当前对某一区域或某一城市房地产泡沫影响因素的分析,一般都是通过房地产测度方法之一得到某国或某地的房地产泡沫后,根据房地产泡沫影响因素的一般认识,简单指出导致房地产泡沫发生的原因,当前针对某一区域或某一城市房地产泡沫影响因素的实证研究很少。

4. 房地产价格水平及其影响因素的实证研究

房地产泡沫主要是指房地产价格超过与经济基本面一致的价格水平,价格过高。如果从这个角度出发,房地产价格水平是房地产泡沫的最主要的表象和衡量标准。同时,房地产价格的影响因素也有可能是房地产泡沫的影响因素。那么,对房地产价格水平及其影响因素的实证研究也就可以看作是对房地产泡沫的间接研究。

(1) 房地产价格与经济基本面因素是否吻合的研究

沈悦、刘洪玉利用1995—2002年的平行数据,通过建立对数模型、对数自回归模型、线性模型,寻找影响我国14个城市房价变化的经济基本面因素和其他因素。结果表明,14个城市的历史房价可以部分解释当前住宅价格及其变化率,住宅市场并非有效市场。对数自回归模型的拟合程度达到99.6%,收入、人口、空置率、失业率的显著水平均超过95%。然后通过添加年度哑变量的方法,检测是否能用经济基本面因素解释我国14个城市的中房住宅价格指数,结果发现已经不能用经济基本面解释在2002年前后的住宅价格。①

陈红艳、王秋实选择人口、人均可支配收入、人均储蓄余额等因素代表经济基本面,选取1998—2010年我国35个大中城市的年度数据,建立面板数据模型,从空间和时间两个维度对我国大中城市房价的合理性进行分析,基本结论为:房价与经济基本面存在着稳定的协整关系,所有城市的房价是合理的,我国不断上升的房价是有不断增加的城市人口和持续快速发展的经济作支撑的。2009、2010年是我国城市房价偏高时间节点的一个阶段,主要出现在东部沿海城市。北京2010年房价偏高。房价偏高或偏低的时间节点和空间节点都与宏观经济政策密切相关。②

(2) 研究地价和房价之间的关系

由于房价和地价之间的特殊关系,房价泡沫常常表现为地价的泡沫,因此关于两者之间的关系成为研究热点。研究房价和地价之间关系最常用的方法是格兰杰(Granger)因果检验方

---

① 沈悦、刘洪玉:《住宅价格与经济基本面:1995—2002年中国14城市的实证研究》,载《经济研究》2004年第6期。
② 陈红艳、王秋石:《城市住宅价格合理性研究》,载《当代财经》2012年第12期。

法和回归分析法。

雷蒙德（Raymond）采用格兰杰因果分析方法对香港房价与地价关系进行了实证检验，结果显示，房价与地价不存在因果关系。阿寥沙（Alyousha）、索克斯（Tsoukis）通过对英格兰1981—1994年房价与地价的季度数据进行格兰杰因果检验，发现房价不是住宅用地价格的格兰杰原因。爱德华（Edward）、约瑟夫（Joseph）和希尔伯特（Hilber）通过对美国的城市数据进行回归发现，地价与地区经济发展、人力资本高低呈正相关，与房价没有直接关系。

黄瑜利用状态空间模型，采用2004—2009年的季度数据，对商品住宅价格受土地价格和居民收入变化的影响进行了动态分析。2004—2006年底，地价对房价的影响是在波动中增加，但是缺乏弹性，地价变化对商品住宅价格的影响比较稳定，土地价格弹性在0.5附近波动，属于缺乏弹性。整体来看，相比土地价格变化、居民收入变化对商品住宅价格的影响逐渐增大。①

温海珍、吕雪梦、张凌通过构建城市地价与房价的联立方程模型，分析了房价与地价各自的影响因素，并重点考察了房价与地价的相互关系。实证研究表明，房价与地价之间存在内生性关系，相互影响的方向均是正向的。标准化系数和弹性系

---

① 黄瑜：《土地价格、居民收入对商品住宅价格影响的动态分析——基于状态空间模型的实证》，载《经济与管理研究》2010年第10期。

数均说明房价处于主导地位,房价对地价的影响远远大于地价对房价的影响。①

王岳龙、武鹏利用2002年3月到2008年6月中国28个省的月度数据,建立房价和地价、时间因素和地区因素的虚拟变量等的面板模型,回归结果表明:由于土地招拍挂的实行,使得全国房价整体水平提高了13.2%。同时通过建立面板误差修正模型,对房价与地价之间的因果关系进行检验,证实在全国范围内,无论是长期还是短期,房价对地价的需求拉动作用都明显,而短期,地价对房价推动作用不明显,地价对房价的成本推动作用主要体现在较长时间中。特殊的是,把全国分为东中西三个部分的检验中,只有东部的地价不是房价长期的格兰杰原因。②

为了克服已有研究中小样本效果差以及忽略各城市差异的问题,黄静、屠梅曾利用最新发展的非平稳面板计量方法,采用全国29个大中城市1999—2008年的季度面板数据,建立房价和地价之间的协整关系模型,然后进行格兰杰因果关系检验。实证研究结果表明:①我国城市房价和地价具有长期均衡关系,就地价对房价的长期影响程度而言,东部经济较发达城市(包括北京)和西南省会城市大于中部地区的省会城市;就房价对

---

① 温海珍、吕雪梦、张凌:《房价与地价的内生性及其互动影响——基于联立方程模型的实证分析》,载《财贸经济》2010年第2期。
② 王岳龙、武鹏:《房价与地价关系的再检验——来自中国28个省的面板数据》,载《南开经济研究》2009年第4期。

地价的长期影响程度而言，中部省会城市大于东部地区和西南省会城市。②长期来看，各城市的房价和地价互为格兰杰因果关系，总体上，房价对地价长期影响的程度高于地价对房价的影响；③短期而言，房价是地价的格兰杰原因。①

从国内关于房价和地价之间关系的实证研究来看，王岳龙、武鹏和黄静、屠梅曾关于东部地区地价对房价的长期影响的研究结论有矛盾之处。就研究结论看，不同学者运用不同的方法会得出房价与地价不同的互动关系，然而即便运用同一种计量经济学方法，对同一地点的实证研究也会得出截然相反的结论，这可能是因为数据来源和对数据的处理不同。

（3）通过协整回归发现影响房价的长期均衡和短期波动的因素

严金海、丰雷、包晓辉选取北京市2000—2007年的季度数据，引入制度变量，通过建立协整方程和误差修正模型，寻求决定北京市住宅价格的长期均衡和短期波动的因素。结果表明，北京市经济基本面和房价有稳定的均衡关系。从长期趋势看，住房价格水平主要受收入、住房信贷、土地供给、制度变迁因素影响。但是，2005年以来，北京市住房价格偏离均衡水平的趋势愈来愈明显。②

---

① 黄静、屠梅曾：《基于非平稳面板计量的中国城市房价与地价关系实证分析》，载《统计研究》2009年第7期。

② 严金海、丰雷、包晓辉：《北京住房价格波动研究》，载《财贸经济》2009年第5期。

梁云芳、高铁梅选用我国 28 个省 1999—2006 年的数据，以各省市人均 GDP 代表收入；将房地产资金来源中除自筹资金以外的其他资金作为一个变量，将其作为描述信贷扩张的变量；以商品房销售面积代替市场交易量；3 年期中长期贷款利率代表利率；建立基于协整分析和误差修正形式的面板数据模型，分析了东部、西部、中部地区房价变动差异的原因，发现实际利率对各地区的影响基本相同，均较小；而信贷规模对东、西部地区影响都比较大，在东部地区房价的预期因素对房价的短期波动有较大影响；就长期趋势而言，代表需求因素的商品房销售面积对各地区房价都存在显著的负效应，但就房价短期变动而言，东、中部地区与需求关系不显著。考虑经济基本面和房价之间关系，北京的房价从 2004 年开始被高估。[1]

王春雷选取上海市 2000 年至 2006 年的月度数据——住宅价格、居民收入、住宅抵押贷款利率等数据，并引入住宅抵押贷款信贷额度这一新的变量。通过单位根检验、协整检验、建立误差修正模型，发现 2005 年上海住宅市场发生结构性变化。2005 年之前，上海住宅市场存在短期性泡沫，不存在长期性泡沫，2005 年之后，上海住宅市场存在长期性泡沫。[2]

石林梅、黄红梅、李玉梅选取 1994—2010 年全国和北京、

---

[1] 梁云芳、高铁梅：《中国房地产价格波动区域差异的实证分析》，载《经济研究》2007 年第 7 期。

[2] 王春雷：《长期和短期性住宅价格泡沫存在性检验——以上海住宅市场为例》，载《南方经济》2009 年第 2 期。

上海的数据，建立协整回归和误差修正模型，对全国和北京、上海的长期、短期影响因素进行分析。从协整方程来看，全国房价是由经济基本面决定的。北京房价的变动与家庭数量、建筑成本、房地产开发投资之间有着长期均衡关系，三者的弹性系数分别为3.4、0.8、-0.6。其中家庭数量的弹性最高，说明北京房价的波动主要是因为人口因素影响下的供需失衡。从误差修正模型来看，全国房价短期波动的所有影响因素中，前期收入波动的影响最大，说明全国房价的短期波动主要由经济基本面的波动决定，没有表现出明显的泡沫特征；而北京房价的短期波动的所有影响因素中，前期家庭数量的波动影响最大，其系数为2.3，远远高于其他短期影响因素，说明人口因素是引起北京房价波动的最主要原因。上海房价的长短期波动的影响因素分析与北京的情况类似。①

（4）通过三个市场影响房价波动的因素回归及因子分析法寻找影响房价主要因素

梁云芳、高铁梅通过选择我国1999年1季度至2005年4季度的数据，对影响住宅价格波动的需求因素回归，得出影响房价波动的主要是上期房价，通过影响供给市场的因素分析，得出土地价格的波动对房价影响最大。通过影响住宅价格的资本因素的回归，得出利率是影响房价的最主要因素。最后通过

---

① 石林梅、黄红梅、李玉梅：《我国住房价格的影响因素研究》，载《统计与决策》2014年第12期。

因子分析法寻找这一时期影响住宅价格的主要因子，结果发现，需求和资本方面的因子对房价的影响作用较大，而供给方面的的因子影响作用较小。在需求方面，影响住宅价格波动的主要因素是上期价格变动、销售面积。在供给方面，影响住宅价格变动的最主要因素是地价因素，其次是住宅投资和竣工面积，后二者同住宅价格波动反向变动。①

徐会军、唐志军、巴曙松选择我国住宅市场1998年第一季度至2008年第二季度的数据，通过建立协整方程和VAR模型，对影响我国住宅价格指数波动的需求、供给和资本等因素进行实证分析，研究了影响我国住宅价格波动的主要供需及资本因素，以及这些主要影响因素的作用机理和作用时间。同样得出在供给方面，影响住宅价格变动的最主要因素是地价因素，而投资、竣工面积、新开工面积的增加对房地产价格有负影响，但影响较小。②

（5）研究货币政策、银行信贷对房价的影响

周京奎以2001年6月至2004年8月期间我国北京、天津、上海、重庆4个直辖市的月度数据为基础，以房地产开发非自筹资金和住宅销售额代表货币政策变量，通过建立协整方程，

---

① 梁云芳、高铁梅：《我国商品住宅销售价格波动成因的实证分析》，载《管理世界》2006年第8期。
② 徐会军、唐志军、巴曙松：《我国房地产价格增长周期波动的实证分析》，载《上海财经大学学报》2010年第4期。

研究货币政策与房价之间的关系,发现住宅价格和货币政策有紧密的关系。通过建立误差修正模型,发现宽松的货币政策加剧了房价与经济基础之间的偏离。①

秦岭、姚一旻选用 2005 年至 2010 年的季度数据,建立 VAR 模型,研究房地产开发贷款和个人购房贷款与房价之间的相互关系。结果发现,两者对房价都有显著的正向影响,同时对来自房价的冲击响应也都是正的。并且,房地产贷款规模对房价的影响力明显超过贷款利率。②

吴燕华、杨刚以房屋销售价格指数代表房价,广义货币 M2 代表货币供应量,作为货币政策变量之一;以银行间同业拆借市场 30 天加权平均利率 R 利率代表利率水平,作为另一货币政策变量。基于这三个变量 2007—2010 年的月度数据,建立 VAR 模型,并运用脉冲响应函数及方差分析研究了利率和货币供应量变化冲击对房地产价格的动态影响。实证研究结论表明:短期内利率正的变化对房地产价格的影响为正,长期内为负;而货币供应量比利率的变化对房地产价格的影响更显著一些。最后对我国货币政策在调控房价方面提出了对策和建议。③

解陆一选用 1999—2011 年的季度数据,以房地产开发资金

---

① 周京奎:《货币政策、银行资款与住宅价格——对中国 4 个直辖市的实证研究》,载《财贸经济》2005 年第 5 期。

② 秦岭、姚一旻:《我国银行信贷与房地产价格关系研究》,载《经济社会体制比较》2012 年第 2 期。

③ 吴燕华、杨刚:《我国货币政策对房地产价格调控的动态影响分析》,载《现代财经》2011 年第 10 期。

中国内贷款代表信贷规模,运用格兰杰因果关系检验和建立动态门限模型的方法,就房地产价格与银行信贷的因果关系、协整关系进行实证检验。检验结果表明:就长期而言,银行信贷与房价之间存在双向因果关系,就总体反馈份额的比较而言,银行信贷对房地产价格的反馈份额远大于房地产价格对银行信贷的反馈份额,这说明银行信贷在两者的关系中居于主导地位。银行信贷对房地产价格的影响随着经济周期的变化而呈现出非线性特征。经济萧条时期,银行信贷对房地产价格的影响比较小;经济繁荣时期,银行信贷对房地产价格的影响明显增强。[1]

(6) 研究住宅价格的影响因素及其影响大小

许光建、魏义方、戴李元、赵宇根据对房价波动影响因素的分析,以1999—2009年的季度数据为基础,选取城镇居民家庭可支配收入、住房用地交易价格指数等因素为自变量,建立多元回归模型,分析了这些因素对住宅价格波动的影响。又以城市年末总人口、地方财政人均教育支出、人均医疗卫生支出等因素为自变量,建立面板数据模型,分析不同城市住宅价格波动不同的原因。从全国来看,地价、收入、信贷规模对住宅价格的波动具有解释力。[2]

---

[1] 解陆一:《经济周期视角下的银行信贷与房地产价格关系的再研究》,载《投资研究》2012年第11期。

[2] 许光建、魏义方、戴李元、赵宇:《中国城市住房价格变动影响因素分析》,载《经济理论与经济管理》2010年第8期。

王成成、王晓辉选用我国内陆 31 个省份 1999—2009 年间的面板数据，采用系统广义矩估计方法，分析我国宏观经济变量和房地产价格的关系，发现适应性预期、城镇居民人均可支配收入、信贷规模、商品房销售量的增加能显著地推动房价上涨，而房地产投资额、房地产竣工面积和贷款利率的上升则能显著地抑制房价上涨。将全国的样本数据分成东、中、西三部分，发现宏观经济显著变量影响东部地区房价，中部和西部的房价受宏观经济变量影响均小于东部。①

苏亚莉、张玉选取房屋建筑成本、城镇居民可支配收入、居民储蓄、消费者价格指数、房租指数建筑用地供给面积为自变量，基于 2003—2008 年全国 31 个省级行政区的年度数据，建立面板数据模型，分析各宏观变量对房价的影响。

实证研究结果表明：城镇居民可支配收入、建筑成本以及居民年末储蓄额等因素的增加会使房地产价格显著上涨；土地供给面积的增加会使房地产价格显著下降。②

胡岳岷、金春雨、程浩选取 1998—2010 年的季度数据，以国内生产总值、城镇居民可支配收入、房地产开发资金来源中的国内贷款、房地产开发资金来源中的定金及预付款、狭义货币供应量、房地产投资完成额等为自变量，通过建立 VAR 模

---

① 王成成、王晓辉：《宏观经济对房地产价格的影响—基于中国省际的动态面板数据》，载《经济管理》2011 年第 9 期。

② 苏亚莉、张玉：《我国房地产价格影响因素的实证研究——基于 2003—2008 年数据》，载《江西社会科学》2011 年第 12 期。

型,分析这些宏观经济变量的影响状况。从实证结果来看:国内生产总值、收入因素、房地产投资完成额、房地产投资与房地产贷款因素长期对房价上涨有显著影响,从方差贡献率看,房地产消费贷款对房价上涨的影响较大。货币供应量、房地产投资贷款在短期对房价有显著正向影响,而国内生产总值、收入因素不是短期房价上涨的原因。其中,货币供应量、房地产消费贷款在短期房价上涨的贡献较大。①

朱英姿、杨斌、刘小波选取2000—2010年全国和北京、上海、天津等一线城市以及作为参照物的安徽的季度数据,建立包含投机因素和泡沫成分的回归方程,研究发现,北京、上海房价主要受货币政策、低利率、土地成本、投机等因素影响。就投机度系数的比较而言,北京 > 天津 > 上海 > 安徽 > 全国。北京房产泡沫投机度系数略大于1,2004年8月31日后,土地成本对北京房地产泡沫积累的作用大于10年间泡沫的积累作用之和。②

5. 当前房地产泡沫影响因素的研究述评

通过上述对房地产泡沫水平影响因素和房价影响因素研究的回顾,我们可以看到,上述研究尽管给我们提供了有益的启

---

① 胡岳岷、金春雨、程浩:《我国房地产价格影响因素及其作用效应的计量检验》,载《税务与经济》2011年第6期。
② 朱英姿、杨斌、刘小波:《房地产价格指数周期的宏观分析》,载《投资研究》2011年第7期。

示,然而不能不发现:第一,当前对于房地产泡沫影响因素的研究主要是针对房地产泡沫共性影响因素的研究,针对某些较小特定区域或城市的房地产泡沫影响因素的实证研究较少。第二,国内研究主要对象是全国范围或者我国东、中、西部较大区域的房地产价格影响因素研究,以某个具体城市或北京市为主要研究对象的较少;即使是针对北京市房地产价格影响因素的研究,涉及的时间跨度也较短。虽然房地产泡沫共性影响的因素的研究和房地产价格影响因素的既有研究能够对我们研究北京市当代住宅市场的泡沫水平的演变原因提供重要借鉴和参考,但是,我们不能不看到,既有研究缺乏从一较长历史时期针对某一较小区域的房地产泡沫影响因素的实证研究,更缺乏理论研究和实证研究的结合。

6. 当前房地产泡沫测度及其影响因素的研究述评

通过前文关于房地产泡沫测度方法研究的回顾,以及房地产泡沫影响因素研究的回顾,我们可以看到,当前研究缺乏以我国某一个地区或某一城市较长历史时期房地产泡沫水平的演变为研究对象的理论分析,也缺乏对我国某一地区或某一城市的房地产泡沫影响因素的实证研究。最根本的是缺乏我国房地产泡沫测度方法适用性的研究,因而就缺乏以合适的方法测度房地产泡沫水平后,从一较长历史时期对某一地区的房地产泡沫进行理论分析,也缺乏以泡沫程度为因变量、影响泡沫程度的因素为自变量,对较长历史时期内某一地区的房地产泡沫进行实证研究。

(三) 本文研究内容与思路

1. 研究时段的界定

历史学意义上的当代,对于全球而言,通常是指"二战"之后,对于中国而言,通常是指1949年10月1日中华人民共和国成立以后。① 新中国成立以后,我国在经过1950—1956年的社会主义改造之后,建立了高度集中统一的计划经济体制;计划经济体制一直延续到1978年。在计划经济体制下,我国城镇实行的是住房实物分配的福利住房制度。因此,这一时期并不存在城镇住宅市场。本文主要研究北京市住宅市场的泡沫水平,考虑到北京市住宅市场发展的实际,本文选取1987—2015年这段历史时期。

2. 研究范围的界定

本文研究范围为北京市全市范围内的城镇住宅市场。北京包括14区2县。市辖区:东城区、西城区、朝阳区、丰台区、石景山区、海淀区、门头沟区、房山区、通州区、顺义区、昌平区、大兴区、怀柔区、平谷区。县:密云县、延庆县。实际上,北京市住宅价格较高的区域主要集中在北京市主要城区,

---

① 朱佳木:《对中国当代史定义、分期、主线问题的思考的再思考》,当代中国研究所网站,http://www.iccs.cn/contents/297/7898.h,2010年9月13日。

包括东城区、西城区、朝阳区、丰台区、石景山区、海淀区。但是以主城区为研究对象数据搜集困难,因此,本文的研究范围只能确定为北京市全市。

3. 研究思路

本文的基本思路是,首先分别对国内外与房地产泡沫测度方法的相关研究、国内外与房地产泡沫影响因素的相关研究进行分析评述,在肯定已有研究的基础上,发现已有研究的不足。以问题为导向,梳理房地产泡沫的共性影响因素;基于不同泡沫测度方法的研究思路,对当前房地产泡沫测度方法进行研究,以选择合适的测度住宅市场泡沫的方法;以北京市当代住宅市场发展的历史脉络为线索,把北京市当代住宅市场的发展分为四个阶段。以这三者为基础,从历史视角对北京市 1987—2015 年住宅市场泡沫演变的原因进行历史透视和理论分析;基于理论分析及已有研究文献,选择北京市住宅市场泡沫水平为因变量,选择北京市住宅价格增长率、北京市人均 GDP、北京市城镇就业人员平均工资、房地产开发投资完成额中土地购置费所占的比重、住宅投资量、房地产开发中其他资金量为自变量,分析各影响因素对北京市住宅市场泡沫水平的贡献,进行实证研究,最后在理论分析和实证研究的基础上,提出政策建议。

本文具体的技术路线如下:

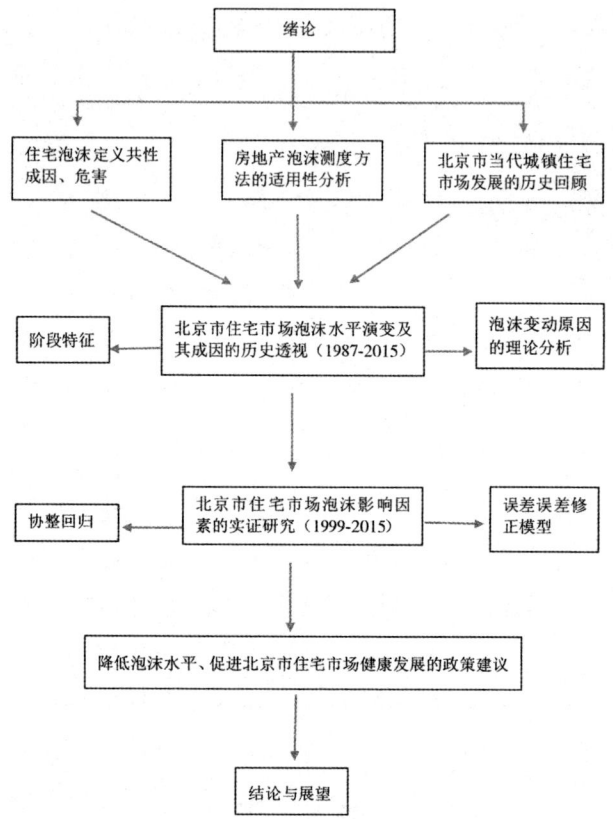

4. 主要内容与结构安排

本文共分为以下八章，各章节主要内容如下：

第一章：绪论。本章主要阐述选题背景和研究意义，关于本文研究内容的相关国内外研究综述，研究思路、主要内容和研究方法，以及可能的创新点。

第二章：住宅泡沫的概念、成因及危害。本章首先在回顾泡沫历史事件基础上,界定住宅泡沫的定义;在回顾泡沫历史事件和梳理房地产泡沫的成因的研究文献基础上,提出本文关于房地产泡沫共性成因的理论总结,最后指出房地产泡沫的危害。本章最主要的目的是为第五章从历史视角直观观察和分析北京市 1987—2015 年住宅市场泡沫演变的共性成因,提供理论分析基础。

第三章:当前房地产泡沫测度方法的适用性研究:基于研究思路的分析。不同的测度方法的研究思路不同,不同研究思路依靠的理论和现实基础不同,不同测度方法对我国房地产发展现实的适用性不同。本章主要通过对当前不同测度方法研究思路的述评,并结合我国现实情况对不同测度方法的适用性进行分析。认为基于研究现状和现实基础,房价收入比指标适用于测度当前我国城市住宅市场泡沫水平。本章主要目的是通过提供合适科学的测度方法,正确测度 1987—2015 年北京市住宅市场泡沫水平,为接下来的章节奠定测度方法的基础。

第四章:北京市当代城镇住宅市场发展的历史回顾。本章通过回顾北京市城镇住宅市场发展的历史,基于不同历史阶段住宅市场上住宅销售面积和竣工面积等数据,把北京市城镇住宅市场的发展分为四个阶段。即北京市住宅市场萌芽阶段(1987—1998),北京市住宅市场初步发展阶段(1999—2004),北京市住宅市场发展阶段(2005—2015),北京市住宅市场加强宏观调控阶段(2010—2015)。本章的划分阶段主要是为下一章从历史视角的理论分析打下基础。

第五章：北京市当代城镇住宅泡沫水平演变的历史透视（1987—2015）。本章首先比较两种计算房价收入比的临界值的方法：基于住宅支付能力指数变换计算房价收入比的临界值和根据房价收入比直接计算房价收入比临界值，说明为什么选取临界值9作为北京市住宅市场是否存在泡沫标准。然后基于房地产泡沫共性成因的理论，采用历史分析方法对北京市1987—2015年间不同阶段，即城镇住房市场化萌芽阶段（1987—1998）、城镇住房市场化初步发展阶段（1999—2004）、城镇住房市场化大发展阶段（2005—2010）、城镇住房市场加强宏观调控阶段（2011—2015）的住宅市场泡沫水平变动的原因进行分析，以明确不同阶段北京住宅市场泡沫变动的理论原因。

第六章：1999—2015年北京市住宅市场泡沫水平演变原因的实证研究。本章通过建立模型实证研究1999—2015年北京市住宅市场泡沫水平演变的原因。主要包括两个部分：一是协整回归，以北京市住宅市场房价收入比代表住宅市场泡沫水平，作为因变量；住宅价格增长率、北京市城镇人口、北京市人均GDP、住宅投资完成额、房地产开发资金中其他资金量、房地产开发投资中土地购置费比重为解释变量，建立模型。分析从长期趋势看，各自变量对北京市房地产泡沫水平的影响及其大小；二是误差修正模型。分析北京市住宅市场泡沫水平的短期波动主要受哪些因素影响。最后合并分析协整回归和误差修正模型的结论，结合上一章理论分析的结果得出，城镇人口增加过快导致的供求失衡对北京市住宅泡沫水平的贡献最大，其次是预期因素和金融因素。

第七章：降低住宅市场泡沫水平，促进北京市住宅市场健康发展的政策建议。立足当前，基于历史分析和实证研究的结合，本文认为，可以采取两方面措施降低北京市住宅市场泡沫水平：一是直接措施，采取这些措施能够直接对北京市住宅市场泡沫水平的下降发挥作用，直接措施主要起到治标的作用；二是间接措施，采取这些措施可以间接对降低北京住宅市场泡沫水平发挥作用，间接措施主要起到治本的作用。就直接措施而言，应增加配租配售类保障性住房的供应，完善保障性住房监管机制；分化当前北京城市功能，以降低住宅市场泡沫水平；继续实行限售和针对二套房严格限贷政策；为了抑制不断上升的北京市住宅泡沫水平，我国政府应该加快房产税的出台。就间接措施而言，北京市应该进一步转变经济发展方式；理清中央政府和北京市政府之间的财税体制；强化土地财政监管；拓宽普通投资者的投资途径。

第八章：研究结论及展望。一方面进行总结，另一方面指出研究不足和下一步努力的方向。

（四）研究方法

本文主要采取了新经济史学派的研究方法，既注重传统经济史根据事实说话的叙述、分析、解释和比较的方法，也注重经济学的理论和计量方法相结合。多种研究方法并用：

(1) 描述分析和纵向前后比较相结合。在分析北京市1987—2015年住宅市场泡沫水平演变的原因时，一是采纳了传统经济史所采用的描述分析法；二是把1987—2015年北京市住宅市场泡沫水平演变的情况，与基于理论机制下房地产泡沫发生和变化的机理相比较，从中找出前后不同阶段变化的原因。

(2) 文献研究法。通过对房地产泡沫影响因素和泡沫历史事件的梳理与回顾，总结房地产泡沫的共性成因；通过对房地产泡沫相关测度方法的文献的系统回顾、归类总结、比较分析，寻找测度我国房地产泡沫的适合方法。

(3) 实证研究法。利用统计数据，以房价收入比为指标，测度北京市住宅市场泡沫水平；以房价收入比为被解释变量，主要影响因素为解释变量，实证分析1999—2015年各主要影响因素对房价收入比波动的贡献和大小。

(4) 规范研究法。在理论分析和实证研究结论的基础上，从有利于北京市住宅产业发展及国民经济协调发展的角度，提出降低住宅市场泡沫水平，促进北京经济协调发展的政策建议。

(五) 主要创新点

1. 研究视角创新

从研究思路和研究内容可以看出，本文从历史视角剖析1987—2015年北京市当代住宅市场泡沫水平演变及其原因，相比于已有研究，本文是对较长时期内北京住宅市场泡沫水平的演变原因的研究，研究视角涉及的是一个全新的领域。

2. 丰富发展了房地产泡沫的测度方法及影响因素实证研究的理论

本文基于不同测度方法的研究思路、依靠的理论和现实基础，比较分析了不同测度方法对我国房地产发展现实的适用性，提出了房价收入比是最适合测度我国住宅市场泡沫水平的指标。本文以房价收入比为被解释变量，以其影响因素为被解释变量对房地产泡沫影响因素进行研究，拓宽了房地产泡沫影响因素实证研究的理论框架。

3. 方法创新

本文以房价收入比代表北京市住宅市场的泡沫水平，作为因变量，选择北京市住宅价格增长率、北京市城镇人口、北京市人均 GDP、房地产开发投资完成额中土地购置费所占的比重、住宅投资量、房地产开发中其他资金量为自变量，选取所有变量 2002—2015 年的季度数据，建立协整方程对北京市住宅市场泡沫水平的长期影响因素进行实证研究。又在协整检验基础上建立误差修正模型，分析北京市住户市场泡沫水平短期波动的原因。国内的实证研究中，以住宅泡沫水平作为因变量，选取其影响因素为自变量的进行的类似实证研究尚属空白，本文在房地产泡沫影响因素研究的方法上有所创新。

二 住宅泡沫概念、共性成因及危害

本文目的是研究 1987—2015 年北京住宅泡沫水平及其影响因素，发现 1987—2015 年北京住宅泡沫水平演变的原因，寻求解决北京市住宅市场泡沫水平过高的方法。本章首先在回顾泡沫经济历史事件的基础上，对比分析已有的不同房地产泡沫定义，提出本文住宅泡沫的定义；其次，对已有房地产泡沫共性成因等研究文献进行梳理，提出本文关于住宅泡沫的共性影响因素，为从历史视角直观考察、从实证角度研究北京市住宅泡沫水平演变原因奠定理论基础；最后，通过对房地产泡沫危害的历史事实的回顾和总结，为本文研究和政策建议提供历史事实及经验的支撑。

（一）泡沫事件的历史回顾

为了对泡沫、房地产泡沫、住宅泡沫概念有更好的把握，以及更好了解房地产泡沫的成因，首先让我们回顾一下历史上的重要泡沫事件和我国发生过的泡沫事件，然后回到泡沫和房地产泡沫、住宅泡沫的定义和成因的讨论。

荷兰郁金香泡沫是有记载的最早的泡沫事件。当代最具影响的泡沫事件要数1980年代末到1990年代初的日本泡沫经济、1997年爆发的泰国泡沫经济以及2008年爆发的美国次贷引起的泡沫。当代这三大泡沫经济的发生都对泡沫发生国、一定区域甚至全世界经济产生了巨大的负面影响。海南岛泡沫虽然只是我国发生的区域性的泡沫，但也对相关地区造成了严重危害。

1. 荷兰郁金香泡沫

16世纪初期，郁金香被引种到欧洲，数量非常有限，是荷兰人普遍喜欢的花卉。其中有一种郁金香品种因为受到病毒的侵袭，花瓣特别鲜艳美丽，加上它的形象十分符合欧洲人的审美品位，这样的品种被欧洲人视为最稀有、最高贵的品种，因而价格极其昂贵。贵夫人在晚礼服上佩戴郁金香珍品作为地位和身份的象征。王室贵族以及达官富豪们纷纷趋之若鹜，争相购买最稀有的郁金香品种。

从1634年开始，一些投机者开始炒卖郁金香，郁金香的价格被迅速抬了起来。买卖郁金香使得一些人获得了暴利。郁金香价格暴涨吸引许多人从欧洲各地赶到荷兰，他们带来大量资金。大量流入的外国资本，给郁金香交易火上浇油。① 1635年，

---

① 宋忠敏：《上海房地产泡沫的实证研究》，复旦大学博士论文，2008年。

名贵品种的郁金香的价格节节上升,一颗"永远的奥古斯塔斯"球茎的价钱相当于110盎司的黄金。就是普通郁金香球茎价格,也从1636年11月到1637年1月上涨了25倍。

到了1636年,马凯记载道:"人们前赴后继,一个跟着一个冲进了交易中心,每个人都认为对郁金香的热情会永远持续下去,无论对郁金香开出多么高的天价,人们都会毫不犹豫地掏出腰包、照单全付。"① 然而,到了1637年2月,倒买倒卖的人逐渐意识到郁金香交货的时间就要到了。一旦把郁金香的球茎种到地里,也就很难再转手买卖了。人们开始怀疑,花这么大的价钱买来的郁金香球茎就是开出花来到底能值多少钱?前不久还奇货可居的郁金香合同一下子就变成了烫手的山芋。持有郁金香合同的人宁可少要点价钱也要抛给别人。在信心动摇之后,郁金香价格立刻开始下降。价格下降导致人们进一步丧失对郁金香市场的信心。持有郁金香合同的人迫不及待地要脱手,可是,在这个关头很难找到"傻瓜"。恶性循环的结果导致郁金香市场全线崩溃。

1637年2月24日在荷兰首都阿姆斯特丹,花商们开会决定,在1636年12月以前签订的郁金香合同必须交货,而在此后签订的合同,买主有权少付10%的货款。这个决定不仅没有解决问题,反而加剧了郁金香市场的混乱。买主和卖主的关系

---

① 〔美〕查尔斯·马凯、〔荷〕约瑟夫·德·拉·维加:《投机与骗局——惊人的幻觉与大众的疯狂、困惑之惑》,向桢、杨阳译,海南出版社2000年版,第45页。

纠缠不清。荷兰政府不得不出面干预，最终，在1637年4月27日，荷兰政府决定终止所有合同。一年之后，荷兰政府通过一项规定，允许郁金香的最终买主在支付合同价格的3.5%之后中止合同。① 在此打击之下，荷兰的郁金香投机市场一蹶不振，再也没有恢复过来。

郁金香泡沫产生的重要原因在于：在短时期内，名贵郁金香球茎的供给量几乎是一个常数，它不会因为需求量的增加而发生变化，即使郁金香的价格上升，生产者也没有办法迅速增加供给。彼得·加伯通过大量的研究认为，郁金香泡沫并没有给荷兰经济带来严重的经济灾难，我觉得这是可信的。郁金香并非生活必需品，泡沫生成过程可能只是少数人的游戏。

2. 日本的泡沫经济

1970年代，为了摆脱石油危机的不利影响和实施金融改革，日本开始实施金融自由化政策。1980年代，这一进程迅速加快。

1985年9月22日，美国与日本、西德、英国和法国发表共同声明，宣布介入汇率市场。此后，日元迅速升值。在短短不到两年半的时间里日元升值将近一倍。日元的急速升值给日本经济造成了一定的冲击，经济开始出现衰退的征兆。为应对这

---

① 林颖、草藕：《郁金香投机：金融泡沫首宗案》，载《中国外汇》2009年第2期。

一局面,日本央行在1986年分四次把基准利率从5%下调到3%,并且在1987年2月再次下调0.5%,达到当时的历史低点2.5%。低利率的长期持续使货币供应量大幅增加,出现了所谓的"过剩流动性"①。低利率造成货币供给过多,日本国内兴起了投机热潮,尤其在股票交易市场和土地交易市场更为明显。日本金融机构积极向房地产经营者提供贷款。在1985年到1987年期间都市银行对房地产的贷款增加了20%以上。②大量货币的出现为泡沫经济创造了基本条件。低利率和充足的货币供给使得泡沫经济投机活动迅速发展。

1986年,日本土地价格陡然上涨。如果以1980年的土地价格为100,东京、大阪、名古屋等六大城市的商业用地价格在1985年上升至153.6,1990年则为625.9。据估计,1990年日本土地总值比美国土地资产总值多5倍,相当于日本当年的国内生产总值的5倍多。而美国土地面积是937万平方公里,日本只有37万平方公里,两者相差25倍。日本房地产价格已经达到十分荒唐的程度,一般工薪阶层就是花费毕生储蓄也不一定能够在大城市买下一套住宅。在土地价格暴涨的同时,日本股票市场同样飞速上扬。从1985年到1989年底,日经指数

---

① 魏加宁、杨坤:《日本的泡沫经济与通货紧缩》,载《开放导报》2016年第4期。

② 曹振良、傅十和:《泡沫经济问题》,载《理论·改革·发展》1998年第10期。

在四年之间翻了两倍多。股票市价总值则增加了4.7倍。①

正如资产泡沫的膨胀需要有新投资者的不断参与一样，泡沫经济的形成也需要大规模的持久的群体投机来支撑泡沫的膨胀与蔓延。1987年日本大约有五分之一的国民加入股市投机，使股价剧涨；许多企业利用高股价条件下筹集的低成本资金又投入股票与房地产，从而使股价地价一齐暴涨。因此，大量经济主体的群体投机行为促使日本股市泡沫和房地产泡沫演化为泡沫经济。②

1989年，日本泡沫经济迎来了最高峰。但是由于资产价格上升无法得到实业的支撑，随着股市和房地产市场上新加入者的停止，土地和股票价格下降，泡沫经济开始走下坡路。到了1992年8月，日经平均股价下跌到14000点左右，仅达到1989年最高点的三分之一③，泡沫经济破灭。

3. 泰国的泡沫经济

从1980年代开始，泰国开始逐渐放松对于资本账户的管制，在1997年金融危机前，大量的外国资本很容易在泰国进出。1990—1995年，尽管泰国经济一直保持高速增长，但出口

---

① 徐滇庆：《亚洲经济真的复苏了吗?》，载《国际经济评论》1999年第10期。

② 周京奎：《金融支持过度与房地产泡沫研究》，南开大学博士论文，2004年。

③ 郑家琳：《从与美日对比中看中国高货币化率未来出路》，载《中国证券期货》2013年第9期。

增长逐年下降,1990—1996 年,泰国的经常项目下的赤字占 GDP 的比重一直居高不下。① 1996 年,泰国出口增长下降为零。这一时期西方发达国家利率水平普遍较低,但是在以泰国为代表的东南亚国家,经济增长速度较快,利率仍旧相对较高,在缺乏严格监管的情况下,日本以及西方国家大量外资流入泰国并投入房地产市场,正是依靠外商直接投资才抵消了泰国经常项目产生的缺口。

1996 年外国直接投资占到房地产投资额的一半。这一时期的外资中短期资本占比较高,在大量国际资本参与下,从 1990 年开始,泰国的房地产开发贷款和住房贷款以 20%—30% 的速度高速增长,这两项贷款分别相当于危机发生前 1989 年的 5.4 倍和 7.5 倍②,曼谷等大城市的房地产价格迅速飞涨,大量外国短期资本很短的时期内又吹大了股票市场的经济泡沫。炒卖房地产和投资股市看起来是非常好的发财捷径,越来越多的人狂热地参与房地产投资和股市交易。国内投资急剧上升,大部分来自于银行贷款。泰国 29 家银行对民营企业和个人的放款余额在六年内增加了 3.33 倍。91 家金融票券公司在 1992 年到 1996 年期间放款余额增加了 2.72 倍。③

---

① 资料来源:International Financial Statistics,1996 年 12 月。
② 安辉:《现代金融危机生成的机理与国际传导机制研究》,东北财经大学博士论文,2003 年。
③ 张辑:《当前金融危机的国际比较及其启示》,载《改革与战略》2009 年第 11 期。

1997年，仅在曼谷就有35万套空屋，泰国房屋空置率超过了21%。泰国泡沫经济破灭，金融危机爆发，最终引起东南亚金融危机发生，产生了多米诺骨牌效应。

4. 美国的次贷泡沫

自1980年代初里根政府执政以后，美国一直通过制订和修改法律，放宽对金融业的限制，推进金融自由化和所谓的金融创新。制订和修改法律的结果是为金融创新、金融投资打开了大门。为了应对2000年前后的网络泡沫破灭，美国希望房地产能够拉动美国经济增长，2001年1月至2003年6月，美联储连续13次下调联邦基金利率，利率从6.5%降至1%的历史最低水平，而且在1%的水平停留了一年之久。①

在金融监管放松、利率水平下降的情况下，美国金融机构为了赚钱，把资金以较高利率贷给本来买不起房的人。这种贷款信用等级低、风险大，相应收取较高的利率，称为次级住宅抵押贷款。然后，美国金融机构把所有房贷集中起来，形成按揭证券，卖给银行。假定美国金融机构贷给买不起房者的利率为10%，卖给银行的利率是6%，金融机构赚取剩下的4%。银行购买这些按揭证券后，设计成金融衍生品，拿到市场出售。为了降低投资者对于购买这种金融衍生品的风险顾虑，投资银

---

① 国纪平：《金融风暴是怎样形成的》，载《广西城镇建设》2008年第11期。

行还给这种衍生品上了保险。这样就把这种看起来安全的金融衍生品大大方方地推向了全世界。

如果房价上涨,即使还不了款也无所谓,金融机构收回房产并不会有损失。只要房价不断上涨,金融衍生品的收益就没有风险,并且会不断上升,低利率也促使美国民众将储蓄拿去投资、银行大量发放贷款,于是因为次贷而产生的金融衍生品就直接促成了美国房地产泡沫的持续膨胀。

当房地产价格无法继续上涨时,次贷引起的泡沫和危机就爆发了。

5. 海南岛房地产泡沫

1910年我国上海发生过"橡皮风潮",橡皮邮票的价格被炒作最高时超过面值二十多倍。1980年代我国长春发生了"君子兰泡沫",一盆名贵品种的君子兰竟然可以卖到近百万元人民币[1],其价格形成过程与荷兰1634—1637年间发生的郁金香泡沫有相似之处,也可称为"君子兰泡沫"。无论是邮票还是君子兰,因为参与的人众不多,泡沫破裂后也没有对当地整体经济的运行带来严重的危害。1992—1993年我国海南出现的房地产泡沫,是我国最近出现的、影响也是最大的一次区域性泡沫现象。

---

[1] 王子明:《泡沫与泡沫经济——非均衡分析》,北京大学出版社2002年版,第11—12页。

住宅泡沫概念、共性成因及危害

1992年初,邓小平发表南巡讲话,随后,中央向全国传达了《学习邓小平同志重要讲话的通知》,提出加快住房制度改革步伐。全国上下掀起了投资房地产的热潮,在这场"投机繁荣"中,以海南省的房地产泡沫最为有名。

在海南投机淘金的人不仅包括国有企业、集体企业、私营企业、合资企业、个体经营者,还包括各地各级的党政机关、企事业单位、金融机构等,它们的参与极大地推动了房地产价格暴涨。高峰时期,这座总人数不过160万的海岛竟然出现了两万多家房地产公司。平均每80个人一家房地产公司,这些公司当然不都是为了盖房子。事实上,大家都在玩一个"击鼓传花"的古老游戏,他们手里传的是地皮。①

1992年,海南全省房地产投资达87亿元,占固定资产总投资的一半,仅海口一地的房地产开发面积就达800万平方米,地价由1991年的十几万元/亩飙升至六百多万元/亩;同年,海口市经济增长率达到了惊人的83%。另一个热点城市三亚也达到了73.6%,海南全省财政收入的40%来源于房地产业。1988年房地产平均价格为1350元/平方米,1991年为1400元/平方米,1992年迅速上升到5000元/平方米,1993年上半年达到最高点7500元/平方米,比1991年涨了5.37倍。②

泡沫生成期间,以四大商业银行为首,银行资金、国企、

---

① 陈崇:《房地产价格波动及其宏观效应研究》,南京大学博士论文,2011年。

② 据《中国房地产市场年鉴(1996)》数据统计。

乡镇企业和民营企业的资本通过各种渠道源源不断地涌入海南，总数不下千亿。几乎所有的开发商都成了银行的债务人。据潘石屹透露，他和几位合伙人在海南炒房的第一笔资金 500 万元，就是通过一个北京朋友从银行弄到的贷款。由于投机性需求已经占到了市场的 70% 以上，一些房子甚至还停留在设计图纸阶段，就已经被卖了好几道手。①

1993 年 6 月 23 日，时任国务院副总理的朱镕基发表讲话，宣布终止房地产公司上市，全面控制银行资金进入房地产业。次日，国务院发布《关于当前经济情况和加强宏观调控意见》，银根全面紧缩，一路高歌猛进的海南房地产热顿时被釜底抽薪，海南省房地产泡沫破裂。

（二）住宅泡沫概念的界定

1. 从泡沫事件发生过程来看泡沫概念

从以上泡沫事件的回顾中我们可以看到，泡沫的概念必然包括以下四点：第一，泡沫必须有载体，如股票、债券、文物、房地产，这些载体一般都具有供求不易达到平衡的特点等。第二，泡沫表现为资本价值高于价格的现象发生，并且这种现象通常持续很长一段时间。第三，泡沫形成的根本原因是因为人

---

① 陈雪松：《房地产业与区域经济发展的关系分析》，暨南大学博士论文，2009 年。

住宅泡沫概念、共性成因及危害

们的投机性。从以上历史事件可以看出,投机因素在整个泡沫产生、生长、破灭的过程中都起着重要的作用。人们的投机心理既是泡沫产生的原因,也是泡沫生长、破灭的原因。第四,泡沫带来的危害程度有区别。如郁金香泡沫、橡皮邮票危害小;而泰国、日本、美国、海南岛房地产泡沫危害大,并不是所有泡沫都带来严重的危害。

引用1987年出版的《新帕尔格雷夫经济学大辞典》中著名经济学家、前美国经济学会会长金德尔伯格(C. Kindleberger)的话重新定义泡沫:"泡沫状态这个名词,随便一点儿说,就是一种或一系列资产在一个连续过程中陡然涨价,开始的价格上升会使人们产生还要涨期,于是又吸引了新的买主——这些人一般只是想通过买卖牟取利润,而对这些资产本身的使用和产生盈利的能力是不感兴趣的。随着涨价常常是预期的逆转,接着就是价格暴跌,最后以金融危机告终。通常'繁荣'的时间要比泡沫状态长些,价格、生产和利润的上升也比较快。以后也许接着就是以暴跌(或恐慌)形式出现的危机,或者逐渐消退告终而不发生危机。"① 其他学者,如铃木淑夫、斯蒂格利茨、曹振良、王子明对于泡沫的定义与金德尔伯格基本相同。学者们一般是在泡沫的定义中指出泡沫发展变化特征本质以及预期投机在其中的作用,大致包括以下四个方面:第一,泡沫

---

① 〔英〕约翰·伊特韦尔、〔美〕默里·米尔盖特、〔美〕彼得·纽曼主编:《新帕尔格雷夫经济学大辞典》,陈岱孙等编译,经济科学出版社1996年版,第281页。

是因为预期资产价格上升而产生的；第二，预期带来的投机资本助涨了泡沫的不断上涨；第三，泡沫表现为资产价格较长时期远远高于其价值；第四，资产泡沫最后会因为泡沫太大，预期反转而可能破裂。

可以看出，我们通过回顾泡沫事件对于泡沫概念的认识与学者对泡沫定义的内涵大致相同，其实两者都主要从泡沫的外在特征来认识或定义泡沫。

2. 住宅泡沫的概念界定

很少有学者直接定义住宅泡沫的定义，一般都是假定房地产泡沫的定义等同于住宅泡沫的定义。如前所述，美国著名经济学家查尔斯·P. 金德尔伯格认为："房地产泡沫可理解为房地产价格在一个连续的过程中的持续上涨，这种价格的上涨使人们产生价格会进一步上涨的预期，并不断吸引新的买者——随着价格的不断上涨与投机资本的持续增加，房地产的价格远远高于与之对应的实体价格，由此导致房地产泡沫。泡沫过度膨胀的后果是预期的逆转、高空置率和价格的暴跌，即泡沫破裂，它的本质是不可持续性。"[①]

三木谷良一认为房地产泡沫是指房地产资产价格严重偏离实体经济暴涨，然后暴跌的过程。该定义描述了房地产泡沫的

---

① 〔英〕约翰·伊特韦尔、〔美〕默里·米尔盖特、〔美〕彼得·纽曼主编：《新帕尔格雷夫经济学大辞典》，陈岱孙等编译，经济科学出版社1996年版，第306页。

一般过程。① 刘洪玉等②、包宗华③总结了我国房地产泡沫的实际例证，认为房地产泡沫往往会表现为房价上涨、预期房价上涨、投资增加、房地产价格猛涨，并且已经远远地与其价值脱离。当价格泡沫一旦被市场发现，就会产生和原来相反的预期，出现使市场价格回归理论价格的市场力，价格可能迅速而急剧地下降，导致泡沫的破灭。王子明总结为，房地产泡沫是一种经济失衡现象，可以定义为房地产价格水平相对于经济基础条件决定的理论价格（一般均衡稳定稳态价格）的非平稳性向上偏移。

从经济学家查尔斯·P. 金德尔伯格的关于房地产泡沫的经典定义以及弗拉德与加伯、三木谷良一、王子明④、刘洪玉等、包宗华等关于房地产泡沫的认识，我们可以归纳出以下四点共同点：第一，房地产泡沫是因为预期房地产价格而产生的；第二，预期带来的投机资本助涨了房地产泡沫的不断放大；第三，房地产泡沫表现为房地产价格较长时期远远高于其价值；第四，房地产泡沫最后会因为太大，预期反转而破裂。

本文认为，上述学者关于房地产泡沫的观点重点体现了房

---

① 三木谷良一：《日本泡沫经济的产生、崩溃与金融改革》，载《金融研究》1998年第6期。

② 刘洪玉、郑思齐、沈悦：《中国房地产市场中的"泡沫"与"过热"问题分析》，载《建筑经济》2003年第2期。

③ 包宗华：《"中国房地产泡沫破裂论"为什么会"破裂"》，载《中国房地产》2005年第1期。

④ 王子明：《泡沫与泡沫经济——非均衡分析》，北京大学出版社2002年版，第7页。

地产泡沫的外在特征。这些特征并不能区别房地产泡沫和一般形式的泡沫的不同，不能区分房地产泡沫和文物、股票等市场泡沫，当然也不能区别住宅和文物、股票等市场的泡沫，必须结合住宅的特殊属性进行分析。韩冬梅等对以往学者关于房地产泡沫的定义做了重要补充，她认为房地产泡沫的定义必须包含房地产泡沫的物质基础，即房地产价格泡沫以在固定时期内供给缺乏弹性的地产和房产为载体。① 王胜认为，房地产具有准公共产品的性质，不能把房地产视为简单的商品，为了保障所有人的居住权利，政府必须对住宅的有效配置进行干涉。② 房地产包括住宅、商业地产、校舍、厂房等。可见，王胜所说的房地产显然指的就是住宅性质的房地产，也就是住宅。本文认为，韩冬梅和王胜指出的房地产的两个属性正是住宅区别于股票和文物等的本质特征。因为这两个特征，住宅泡沫和泡沫的一般形式以及和一般意义上的房地产泡沫有很大的区别。土地的有限性和地域性决定了住宅供给的有限性和地域性、异质性，同时，住宅的生活必需品性质也决定了住宅泡沫的危害和意义与其他类型的泡沫的本质不同。在一定时期内，经济发展和城市化速度较快，住宅市场价格不断上涨，住宅泡沫出现，表现为住宅价格不断上涨和住宅泡沫波及范围越来越大，因而

---

① 韩冬梅：《基于状态空间模型的房地产价格泡沫问题研究》，载《财经研究》2008年第1期。
② 王胜：《银行信贷扩张与房地产泡沫生成：理论、模型与实证》，西南财经大学博士论文，2008年。

对满足城镇居民基本住房需求可能的影响与危害越来越大。这是住宅泡沫不同于其他泡沫的特征。

基于上述认识，考虑到住宅泡沫和其他形式泡沫的区别，即考虑到住宅的载体、住宅的准公共产品性质和生活必需品性质，笔者认为，住宅泡沫必须包含以下几方面的重要内容：住宅泡沫是以在一定时期内供给缺乏弹性的房产和地产为载体；产生泡沫的主要原因是对价格或收益不理性的预期而产生的投机或投资所导致，住宅泡沫最直观的表现为住宅价格猛涨并且已经远远地与其价值脱离，最终住宅泡沫可能会破裂也可能会逐渐消亡；由于住宅的生活必需品性质等，应该可以用城镇居民支付能力等指标来判断是否出现泡沫。因此住宅性质的房地产泡沫或住宅泡沫定义应该是，住宅泡沫是指一定时期内，以供给缺乏弹性的房产和地产为载体的住宅，价格连续上涨，从而使人们产生价格不断上涨的预期，不断有投机资本加入购买大军中，于是住宅泡沫产生并不断上升。最终，泡沫可能因为预期的反转破裂，也可能会缓慢持续下去。因为住宅的准公共产品性质，住宅的泡沫水平应该可以用某种社会支付能力的指标来衡量。

（三）房地产泡沫共性成因的一般性理论总结

住宅是房地产最重要的组成部分，房地产泡沫主要是指住宅的泡沫，房地产泡沫影响因素的研究同样也就是住宅泡沫影响因素的研究。对于上一章叙及房地产泡沫的影响因素和房地产价格的影响因素实证研究的文献，我们可以总结如下。前文叙及的房地产泡沫的影响因素是关于房地产泡沫共性影响因素的一般理论总结，某一区域房地产价格影响因素不一定是房地产泡沫影响因素。前文叙及房地产价格影响因素的实证研究，研究对象是不同区域或不同城市房地产价格的影响因素及其作用大小，虽然房地产价格影响因素研究中的不同影响因素可能会对我们进行房地产泡沫影响因素的实证研究具有重要借鉴和参考，然而其一，这些影响因素的研究属于个性研究，可能只对某一个区域或一个城市起作用，并不一定对所有地区房地产价格都有影响；其二，这些因素可能只是房地产价格的影响因素，而并不是房地产泡沫的影响因素。本文梳理房地产泡沫或住宅泡沫的成因理论，主要是总结共性和有利于直观考察分析的成因。结合房地产泡沫事件的历史回顾，基于对众多学者关于房地产泡沫影响因素的一般理论分析的梳理，本文认为，房地产或住宅泡沫的共性成因中，有利于直观考察的共性影响因素应该归纳为四个方面。

1. 预期是房地产泡沫的主要共性成因

前文叙及，查尔斯·P. 金德尔伯格、巴特利、雷诺、弗里德曼、赫什莱弗、菲戈、哈里森与克雷普斯和金德尔伯格等认为，预期导致的群体心理、羊群效应、时尚、狂热等盲目行为会导致房地产泡沫。基于本文研究中统计资料可获得性的考虑，我们难以对群体心理、羊群效应、时尚、狂热等盲目行为进行数学意义上的衡量，因此只把预期作为住宅产业泡沫的共性影响因素。在一定时期内，由于一国或一定区域内经济的增长、城镇化的加速等原因，供给缺乏弹性的以房产和地产为载体的住宅价格会连续不断上涨，潜在购买者会产生住宅继续上涨的预期，于是投机或投资出现。这些投机或投资者买房的目的不是为了居住，而是为了等房价上涨之后的某一时间段择机卖出。投机或投资需求与买来用于居住的刚需加在一起，促使房价上涨速度加快，又进一步吸引更多的投资或投机需求，房价继续上涨。这就是查尔斯·P.金德尔伯格所认为的房地产泡沫。

2. 供求失衡是房地产泡沫产生的共性原因

前文叙及，洪·哈里森等和爱德华、格莱泽等的研究认为，供求失衡是房地产泡沫的成因。按照传统的西方经济学观点，如果房地产供给富有弹性或者完全弹性，假定有房地产的投机或投资需求，那么需求的增加只会引起价格较小提高或者保持原来价位。但是房地产显然不是富有弹性或者完全弹性的商品，一定时期内，房地产生产周期长无法迅速增加，就是从较长时期来看，受土地供给有限影响，房地产的增加也是有限的。因此，一定时期内，房地产供给的有限性和需求的不相匹配是房地产泡沫产生的原因，也是预期因素加速房地产泡沫的基础。

3. 金融支持过度是房地产泡沫的共性助涨因素

前文叙及，谢经荣等和伯南克等认为金融支持过度是房地产泡沫的成因。一般而言，房地产开发商或房地产交易市场上的投资者拥有的资本数量是有限的，运用有限资本投资房地产，有限的资本能够推动房地产投资的范围或价格上涨幅度也不会太大。但是如果投资者可以从银行或者其他金融渠道借贷资金炒作房地产，在房地产价格不断上涨的情况下，数倍扩大的投机或投资需求就会助推房地产泡沫涉及区域的宽度和泡沫水平。因此，金融支持会助长房地产泡沫。当然，房地产开发商从银行或其他金融渠道获得的资金，投入房地产中，也会因为增加供给而抑制房地产泡沫水平，尤其是在房地产价格预期增速不大的情况下，也可能因为增加供给而降低房地产价格，从而降低房地产泡沫水平。具体金融支持对房地产泡沫的影响如何，要看金融支持对供给和需求方面的不同影响的对比分析。

4. 管控约束制度的松弛是房地产泡沫形成和发展重要的共性制度基础

前文叙及，雷诺认为，金融自由化和放松金融管制，加速了1986—1994年房地产周期波动和房地产泡沫的形成与破灭。日本和泰国的泡沫经济，我国海南岛、北海的房地产泡沫事件，美国的次贷危机，表面上是由于相关国家对房地产业金融支持过度，而金融支持过度的制度根源是这些国家实行的金融监管

住宅泡沫概念、共性成因及危害

政策。正是由于日本、泰国、美国等国家实施的金融自由化政策和金融监管制度的缺失，大量资金投资或投机于房地产，这些国家的房地产泡沫越累积越大，导致闲置的房地产越来越多，最终泡沫破裂。20 世纪 90 年代的泰国，在金融自由化政策下，不仅对本国公民投资房地产缺乏应有的管制，而且外国大量短期借贷资金流入发展过热的房地产，泡沫上涨太快。20 世纪 70 年代的日本，为了摆脱石油危机的不利影响和实施金融改革，实施金融自由化政策。1985 年广场协议后，日元迅速升值，利率下调，货币供给增加，大量资本投向房地产业，地价飞涨，而日本对房地产业的贷款和以地价为抵押的融资没有限制，最终房地产泡沫破裂。2008 年发生于美国的金融危机，也是因为美国金融监管约束不严，金融机构贷款给没有偿还能力的人购买住宅，最终当房价下跌时，形成多米诺骨牌效应，泡沫破裂，导致金融危机。

国家对房地产的调控政策也影响着房地产泡沫形成、泡沫程度等，当国家对房地产业发展采取抑制政策，会降低房地产泡沫水平提高的速度；当国家对房地产发展采取鼓励和刺激政策时，则相反。

房地产在一国经济发展中居于重要地位，在某些阶段甚至处于一国支柱产业的地位。房地产发展历史经验表明，如果政府不根据房地产的发展特征而进行必要的金融约束和宏观管理，则房地产的泡沫必然发生。

（四）房地产泡沫及其破裂的危害

在房地产市场发展过程中，尽管不可避免房地产泡沫，但房地产泡沫水平太高，会对长期经济发展和城镇居民基本住房需求产生巨大的危害。

首先，房地产泡沫可能会影响城镇居民的基本住房需求。住宅是居民生活的必需品，房价过高，普通居民可能会难以支付购房成本，不能满足基本的住房需求。

其次，房地产泡沫破裂可能会影响资源配置和长期的经济增长。当房地产业过热时，房地产业投资会在短时期内带动经济的增长，但是，这种经济增长不是建立在刚需基础上的，是一种虚拟的增长，是以牺牲其他行业的增长为基础的。因此当房地产泡沫破裂时，投入的资源就会以烂尾楼、闲置地产的形式表现出来，是一种社会资源的浪费。从长期来看，是对资源的错误配置甚至浪费，影响了经济增长。

最后，房地产泡沫破裂会造成长久的经济萧条。房地产泡沫形成和发展时期，房地产价格不断上涨，会吸引投资或投机者把大量本应投向其他行业的资金投向房地产。如果国家对这种房地产投资行为置之不管，房价就会越来越高，投资者对房价预期更为看好，投向房地产业的资金就会越来越多，金融部门贷款给房地产开发商的资金越来越多。个人为了投机从银行提取家庭越来越大比例的金融财富投于房地产，房地产泡沫越来越大，最终就是预期的反转和泡沫的破裂。当房地产泡沫破裂之后，大量的房产闲置，房地产商因为资不抵债出现大量的烂尾楼。更为可悲的是，大量投机者的金融财富缩水，全社会的消费力下降，大量融资给房地产商和投资者的金融机构相继倒闭，经济进入萧条。

海南岛泡沫的危机，给占全国总人口 0.6% 的海南省留下了占全国 10% 的积压商品房。全省"烂尾楼"高达 600 多栋、1600 多万平方米，闲置土地 18834 公顷，积压资金 800 亿元，仅四大国有商业银行的坏账就高达 300 亿元。[①] 泰国的房地产泡沫破灭后，1997—1998 年经济增长处于负值，直到 2004 年经济增长才恢复到 5.4% 的水平，相当于危机前 1995 年经济增长速度的 60%。[②] 日本 1990 年代初泡沫破裂后，房价地价下降，股市下跌，大量金融机构破产，日本人民财富缩水，产业不振，导致内需长期处于疲软状态和通货紧缩，日本从此进入长达 14 年的经济萧条时期。美国次贷泡沫和危机的直接影响是，造成美欧大量金融机构的破产或重组，美国房价出现大幅下跌，货币供给紧缩，逆转了美国经济增长的势头。美国政府不得不投入 7000 亿美元进行金融救市，直至 2014 年美国经济才出现恢复的迹象。间接影响是由于美国金融危机的影响，全世界的经济增长下降，至今很多国家仍然处于衰退、萧条和经济增长乏力的状态之中。

---

① 邹毅：《海南中国地产开发投资的避风港？》，载《住宅产业》2009 年第 9 期。
② 据亚洲开发银行《亚洲发展展望报告书》各有关年份数据测算。

三 我国房地产泡沫测度方法研究：
研究思路及其适用性分析

作为我国经济发展中的支柱产业，房地产业近十几年来一直保持高速增长。基于这种持续的高速增长，国人普遍担心房地产业与国民经济发展的协调关系，担心由于房地产业发展太快，泡沫太大，而最终泡沫破裂，影响中国经济的持续稳定增长，甚至造成我国宏观经济的衰退和长期萧条。因为房地产业的重要地位，对我国房地产泡沫水平的测度，一直是研究的热点。

测度我国房地产泡沫的成千上万篇的研究文献，呈现了不同的测度方法和研究思路，这些测度方法在我国现实国情下的适用性如何，关系到当前我国房地产业和国民经济的协调程度及国民经济的稳定均衡增长，是一个值得思考的重要问题。然而，当前针对我国房地产泡沫测度方法的评析，是一个薄弱的环节。刘琳、黄英、刘洪玉认为国外的统计体系比较完善，但设计的指标对国内的并不适用,而应根据我国情况设计新的指标。① 刘治松评价了空置率、房价收入比、房价增长率/GDP 增长率这三个指标对于测度我国房地产泡沫水平的适用性②;蒋南平对房地产泡沫测度指标进行了质疑,并提出了新的指标③。上述文章主要涉及指标法中测度指标的选择。另外一些研究测度房地产泡沫的学者,在文章中用少量篇幅回顾了已有研究文献的优缺点,如袁志刚、曾五一、吕江林等。这类回顾涉及不同研究方法的不完全对比,一般直接指出已有研究方法的不足,以引出自己的方法的合理性,并不是在对已有研究方法的研究思路进行评析基础上得出的。当前,从我国房地产泡沫主要测度方法的研究思路出发,对不同测度方法的适用性进行评析的文献极少。

经济学家最初对资产价格泡沫的研究和检验,主要针对的是金融资产泡沫尤其是股市而非房地产市场。然而,20 世纪 90 年代初以房地产泡沫为主导的泡沫经济的破裂,造成日本经济十多年的萧条。1997 年之后东南亚及香港地区的楼市泡沫破裂,2008 年美国的次贷危机,都造成相关地区长时间的经济严重衰退或萧条,进一步强化了人们对房地产泡沫破裂危害性的

---

① 刘琳、黄英、刘洪玉:《房地产泡沫测度系数研究》,载《价格理论与实践》2003 年第 3 期。
② 刘治松:《我国房地产泡沫及泡沫测度的几个理论问题》,载《经济纵横》2003 年第 10 期。
③ 蒋南平:《中国房地产泡沫测度指标的分析与建立》,载《当代财经》2009 年第 10 期。

认识，也使得对房地产泡沫的测度成为经济学者关注的重要课题。最初对房地产泡沫的检验方法主要是借鉴检验金融资产价格泡沫方法，尤其是检验股票价格泡沫的方法。经过笔者对文献的总结和归纳，当前对我国房地产泡沫进行测度方法主要有规律验证法、直接检验法、间接检验法、指标法、多元统计分析方法。

（一）规律验证法的研究思路、适用性分析

运用这种方法的研究者认为，在国民经济协调发展情况下，房地产发展中的相关变量应该遵循某种比例关系或某种规律。如果所测度的国家房地产发展符合这种规律，则可认为不存在泡沫；如果所测度国家房地产发展中相关变量的比例大于某种比例关系，则可认为存在泡沫。主要包括以下三种测度方法：一是通过对房地产业增加值占 GDP 的国际比较来测度我国房地产泡沫；二是通过对房地产业和相关产业的生产技术联系的规律的研究和认识来测度我国的房地产泡沫；三是通过对房地产投资占人均 GDP 的国际比较来测度所测度国家房地产泡沫。

1. 基于房地产增加值占 GDP 比例的国际比较

杨朝军、廖士光、孙洁[①]和李玉杰等[②]研究发现，在人均 GDP 不同阶段，美国等发达国家房地产业增加值占 GDP 的比例在不同的较小波动区间内保持稳定。基于这种发现，他们把发达国家人均 GDP 相同阶段的该比例值与我国比较，对我国当前房地产业与国民经济之间是否协调进行分析。

运用这种方法对测度我国房地产泡沫的适用性有限。首先，人均 GDP 不同阶段，美国等发达国家房地产业增加值占 GDP 的比例在不同的较小波动区间内保持稳定；在人均 GDP 相同阶段，该比值在美国等发达国家的波动范围在一个数字区间，由于该比值是一个数值区间，以该比值作为规律来测度我国房地产泡沫水平，只能测度有无房地产泡沫，不能测度泡沫大小。其次，这种研究视角既然以房地产业增加值的国际比较为基础，就必然要求房地产业增加值能够代表房地产业在国民经济中的地位和国内外统计、核算口径的一致。然而，当前无论美国等发达国家还是我国，都把房地产业归于第三产业，核算房地产业增加值的主要范围包括以下四种活动产生的增加值：房地产业开发经营活动的增加值；房地产业租赁活动的增加值；房地

---

① 杨朝军、廖士光、孙洁:《房地产业与国民经济协调发展的国际经验及启示》，载《统计研究》2006 年第 9 期。

② 李玉杰、王庆石:《国外房地产业与国民经济协调发展的经验及其启示》，载《东北大学学报》（社会科学版）2011 年第 3 期。

产经纪与代理活动的增加值;房地产管理活动的增加值。① 按照这种核算范围,房地产开发经济活动产生的增加值不包括与房地产业相关的建筑活动,是指房屋售价和房屋建造成本之间的差额,没有全面反映房地产业在国民经济中的地位,无疑大大降低了房地产业在国民经济中的地位和贡献。最后,尽管我国与发达国家房地产业包括的分类和范围大体相同,但是,在核算范围和方法上,我国房地产业增加值与国际惯例有很大的距离。房地产租赁活动包括自有住宅提供的服务,是房地产业增加值中占比重最大的一项。在发达国家和地区,一般按照市场租金乘以住宅面积来计算。由于缺乏租房市场租金等方面统计资料,我国依据房屋折旧额来计算,这就造成我国房地产业增加值被大大低估。因而,以房地产增加值的国际比较测度房地产泡沫水平,参考意义不大。

2. 基于相关产业生产技术联系的国际比较

王国军和刘水杏[②]、李玉杰和王庆石[③]以投入产出为基础,通过对房地产业与其他产业的前向、后向关联关系,对相关产业的带动效应的分析和国际比较,能够对当前我国房地产业发

[①] 刘洪玉、郑思齐、许宪春:《房地产业所包含经济活动的分类体系和增加值估算》,载《统计研究》2003年第8期。

[②] 王国军、刘水杏:《房地产业对相关产业的带动效应研究》,载《经济研究》2004年第8期。

[③] 李玉杰、王庆石:《房地产业对相关产业带动效应的国际比较研究》,载《世界经济与政治论坛》2010年第6期。

展的所处阶段、房地产业和其他行业的生产技术联系是否合理和是否协调等做出分析。他们研究发现，与发达国家相比，当前我国房地产业的相关产业类型偏向资本、原材料型产业，说明我国房地产业正处于"数量扩张"的初级阶段。我国房地产业与金融保险等行业的关联度偏高，说明我国房地产业过度依赖金融保险业，发展过热，可能存在泡沫。

不同国家资源禀赋不同，因而产业结构差异较大。运用这种方法可以分析我国房地产业与相关产业的生产技术联系是否合理，而根据房地产业和相关产业的前后向关联效应和带动效应等，只能对房地产泡沫水平做出一定的估测而非测度，并不能对房地产的泡沫程度做出分析。

3. 基于房地产投资占 GDP 比重的国际比较

鲍尔和莫里森①、诺蒙德②分别详细分析总结了住宅建设投资与各国经济增长的内在关系，得出结论：尽管住宅建设投资占 GDP 的比重在人均 GDP 相同水平下随国家不同而有差别，但住宅建设投资与人均 GDP 存在着内在关系，住宅建设投资占 GDP 的比重随人均 GDP 呈现有规律地变动。住宅建设投资占

---

① M. Ball, T. Morrison. "Housing Investment Fluctuation: An International Comparison". *Housing, Theory and society*, 1995 (9): 1 - 2.

② Y. C. Raymond. "Causal Relationship Between Construction Flows and GDP: Evidence From Hong Kong". *Construction Management and Economics*, 1997 (15): 371.

GDP 的比重刚开始随人均 GDP 增加，人均 GDP 达到一定值后，这一比例达到最高值，超过一定值后这一比例开始下降。在人均 GDP 相同阶段，住宅建设投资占 GDP 的比重在一定区间内波动。但他们所取的样本不同，因而在人均 GDP 相同阶段，住宅建设投资占 GDP 的比重区间并不相同。

首先，由于在人均 GDP 相同阶段，住宅建设投资占 GDP 的比重的波动范围是一个数值区间，这种方法不能测度房地产泡沫的大小，只能测度是否存在房地产泡沫。由于不同国家的土地资源、人口密度、置业文化有很大不同，在人均 GDP 相同阶段，不同国家住宅投资与 GDP 的比重差异很大，这种方法难以对房地产泡沫水平进行科学的测度。

（二）直接检验法研究思路、适用性分析

假定市场有效、理性预期，建立模型测算房地产的基础价值（或基础价值增长率）和实际房价（或房价增长率）做比较，以得到我国房地产泡沫水平的数值。用公式表示就是（1）式。其中 B 为房地产泡沫水平，P 为房地产实际价格（或房价增长率），P_F 为房地产基础价值（或基础价值增长率）。

$$B = (P - P_F)/P_F \qquad (1)$$

这种方法的关键是对房地产基础价值（或基础价值增长率）的计算。包括三类。

收益贴现法。利用未来房地产租金的贴现值来计算房地产

我国房地产泡沫测度方法研究：研究思路及其适用性分析

基础价值。如果房地产实际销售价格不存在泡沫，那么按照市场有效和投资人理性预期的假设，可以得到（2）式。$0<r<1$，P_t 为 t 时房地产实际销售价格，$E_t(R_{i,t+j})$ 为预期未来房地产租金，P_t^F 为预期未来房租决定的 t 时房地产基本价值，r 为贴现率。

$$P_t = P_t^F = \sum_{j=1}^{\infty} \frac{E_t(R_{i,t+j})}{(1+r)^j} \qquad (2)$$

日本野口悠纪雄用这种方法对日本的城市地价进行了计量。① 孙伟等利用这种模型，采用当前的住宅租金代替未来预期的租金值，以电力债券的年收益率代替住宅投资的贴现率，测度了上海、杭州、深圳、西安四城市的房地产泡沫。② 这种检验方法从理论上是没有问题的，假定市场有效、投资者理性预期，房地产实际价格就应该是其基础价值，和基础价值做比较就能得到房地产价格的泡沫度水平。这种方式测度房地产泡沫水平要求房租统计数据样本期较长且准确，以保障获得预期房租数据的规律性认识，也要有适当的贴现率选择。我国城市住宅市场化只有十几年的时间，租金的样本值涉及时间跨度较短，同时缺乏统计部门关于租金的权威数据，只能以各城市房

---

① 〔日〕野口悠纪雄：《土地经济学》，汪斌译，商务印书馆1997年版，第59—65页。
② 孙伟、扈文秀：《基于 R-B 模型的房地产泡沫》，载《预测》2008年第4期。

屋管理部门公布的数据为基础加权获得。① 而这些部门统计资料的收集缺乏规范性,利率尚未实现完全市场化,难以确定合适的贴现率,选择的贴现率相差1%,就会导致房地产基础价值数万元的差距。基于收益还原法在租金的预期和贴现率的选择上的这种困难,很难确定一个具有科学性的房地产基础价格数值。

拉姆齐模型检验法。拉姆齐模型是宏观经济学的重要文献和经济增长理论中的基本模型。它假定经济社会为仅由同质的生产者和同质的消费者组成的两部门经济、生产者面临的产品市场为完全竞争,分析生产者达到利润最大化和消费者达到效用最大化时,即由两者优化条件的结合构成的竞争性的市场均衡结构,因此可以根据拉姆齐模型分析达到最优均衡稳态的条件。为了分析方便,拉姆齐模型假定家庭人口全部可以当作劳动力,一般设定指数形式的人口增长率形式和技术进步形式等。叶卫平和王雪峰假定生产率没有增长,利用拉姆齐模型,根据最优均衡稳态条件下边际资本收益率相等获得投资房地产的边际资本收益率,也就是房地产的基础价值增长率,和实际房价增长率比较,从而测度了2000—2004年房地产的价格泡沫。② 杨灿和刘赟考虑了技术进步和折旧,在叶卫平和王雪峰所用的

---

① 孙伟、扈文秀:《基于R-B模型的房地产泡沫》,载《预测》2008年第4期。

② 叶卫平、王雪峰:《中国房地产泡沫到底有多大》,载《山西财经大学学报》2005年第8期。

拉姆齐模型基础上进行了改进,同样根据最优均衡稳态的条件,测度了 1991—2006 年中国的房地产泡沫水平。[①] 我们可以看出,拉姆齐模型是一种抽象的理论分析,但房地产基础价值增长率的测度作为针对我国房地产现实因素的一种重要测度,除理性预期和市场有效外,其他假定应尽量和我国现实情况吻合,与现实不符合的假定会使得测度没有实用意义。包括房地产业在内的由众多行业构成的我国市场经济绝非完全竞争的市场结构;由同质的消费者和同质的生产者构成的两部门经济体等分析前提显然只适合作为理论分析;技术进步等形式的设定应该有现实基础等。这样找到的基础价值增长率不具有现实意义,在其基础上对房地产泡沫的测量也就缺少重要的科学基础。

状态空间方程检验。由于资产的基础价值和资产价格泡沫难以确定,可以把资产价格泡沫作为无法观测到的状态变量,建立状态方程;把资产基础价值看作一个外生变量决定的量,以资产实际价格作为因变量,决定基础价值的外生变量和资产价格泡沫为自变量,建立量测方程;状态方程与量测方程组成状态空间方程组,在状态方程基础上估计量测方程的回归系数,得到资产的基础价值。一般的状态空间方程组形式如下:

$$B_t = FB_{t-1} + v_t \qquad (状态方程) \qquad (3)$$

$$Y_t = A'X_t + H'B_t + w_t \qquad (量测方程) \qquad (4)$$

[①] 杨灿:《刘赟关于房地产泡沫量的测度研究》,载《统计与决策》2008 年第 19 期。

其中，B_t、B_{t-1}、为 t 年和 t-1 年价格泡沫成分，Yt 为 t 年资产实际价格，X_t 为决定资产基础价值的外生变量，F A′ H′ 为系数矩阵，ν_t、w_t 为独立的白噪声向量。它的关键是要给出(3)式资产价格泡沫过程即设定状态方程中 B_{t-1} 的系数 F。这种资产可以是股票也可以是房地产等。WU 用这种方法检验了 1871—1992 年的美国股市数据，发现有泡沫存在的明显证据。[①]韩冬梅分别以供给和需求作为因变量，以商品房竣工面积和销售面积作为上海市商品房市场中的供给与需求的代理变量，以商品房销售价格、城镇居民可支配收入等因素作为需求方程的自变量，以商品房销售价格、国内生产总值、3—5 年实际贷款利率、狭义货币供给量作为供给方程的自变量，把所有自变量均作为状态变量，建立不包含商品房价格泡沫状态变量的供给和需求两个变参数方程，组成方程组，认为市场供求均衡时的商品房价格就是基础价格。[②] 这种方法显然是错误的，由于影响供给和需求的因素中都包含商品房投资或投机，市场供求平衡时的价格也就包含了受投资或投机影响的价格。采用这种方法的其他研究者基本上是模仿韩冬梅等的研究。可见，当前我国在这一方面的研究还很不成熟。在当前对我国房地产价格泡沫过程的形式即 F 缺乏研究的基础上，运用

---

① Wu, Yangru. "Rational Bubbles in the Stock Market: Accounting of the U. S. Stock – Price Volatilit". *Economic Inquiry*, 1997 (35): 309 – 319.
② 韩冬梅：《基于状态空间模型的房地产价格泡沫问题研究》，载《财经研究》2008 年第 1 期。

这种方法尚缺少科学基础。

（三）间接检验法研究思路、适用性分析

假定不存在房地产价格泡沫，则房地产价格和房地产租金的时间序列必然符合某种假定关系。设定这种假定关系，对上述两者时间序列或者两时间序列的这种假定关系进行检验，通过检验则不存在房地产价格泡沫，反之则存在。主要有单位根—协整关系检验法和韦斯特模型检验法。间接检验法只能检验是否存在房地产价格泡沫，并不能在检验基础上测度泡沫的大小。

单位根—协整关系检验法。这一方法最初是用来检验股市价格泡沫。把股价变成房价，股息变成房租，就可以用它来检测房地产泡沫。如果房价不存在泡沫，那么按照市场有效和投资人理性预期的假设，可以得到（5）式。$0<r<1$。P_t 为 t 时房地产实际销售价格，$E_t(R_{i,t+j})$ 为预期未来房地产租金，P_t^F 为预期未来房租决定的 t 时房地产基本价值，r 为贴现率。

$$P_t = P_t^F = \sum_{j=1}^{\infty} \frac{E_t(R_{i,t+j})}{(1+r)^j}, \tag{5}$$

在理性预期的假设下，实际房租 R_{t+j} 和期望房租 $E_t(R_{t+j})$ 的差是一个不可预测的零均值随机变量。因此，实际房租和期望房租的关系式可表示为（5），其中扰动项 $\varepsilon_t \sim iid(0,\sigma^2)$，$\varepsilon_t \sim iid(0,\sigma^2)$ 且 ε_t 与 $E_t(R_{t+j})$ 不相关：

$$R_{t+j} = E_t(R_{t+j}) + \varepsilon_t \tag{6}$$

由（5）、（6）式进行简单的整理可以得到下式，

$$P_t - \frac{R_t}{r} = P_t^F - \frac{R_t}{r} = \sum_{j=0}^{\infty} \frac{E_t(\Delta R, t+j+i)}{(1+r)^j}$$

从上式可以得到以下结论，如果房价不存在泡沫，那么：

1. 房价和房租必为同阶单整，这是因为，若 R_{t+j} 为 $d \neq 0$ 阶单整，则 ΔR，t 单整阶数必为 $d-1$，而只有 P_t 和 R_t 二者同阶，其线性组合才可能降阶为 $d-1$。

2. 房价 P_t 和房租 R_t 必然存在协整关系。两个同阶的单整变量的线性组合出现降阶，由协整定义可知二者存在协整关系。

按照这一认识，对房地产价格和房地产租金的时间序列进行单位根检验和协整检验。若两者单位根相同，则进一步进行协整检验，通过单位根检验和协整检验，则不存在房地产价格泡沫；不通过，则存在。基于单位根—协整检验，坎贝尔（Campbell）和希勒（Shiller）对 1871—1976 年间标准普尔股价指数进行了检验[1]；迪巴和格罗斯曼检验了 1871—1979 年的标准普尔 500 指数和 1928—1977 年道琼斯指数。[2] 曾五一、李想用这种方法检验了 2003 年到 2009 年我国 35 个大中城市的房地产价格是否存在泡沫。[3] 但我国房地产销售价格和租金数据的

---

[1] Campbell, J. Y., and Robert J. Shiller. "Cointegration and Tests of present Value Model". *Journal of Political Economy*, 1987 (95): 1062 - 1088.

[2] Diba, B. T. and Grossman, H. L. "Explosive Rational Bubbles in Stock Prices?". *The American Economic Review*, 1998 (78): 520 - 530.

[3] 曾五一、李想：《中国房地产市场价格泡沫的检验与成因机理研究》，载《数量经济技术经济研究》2011 年第 1 期。

样本期较短，而且缺乏我国统计部门对于房租的权威数据，只能以其他机构的统计数据取代，在这样数据条件下进行单位根—协整关系检验的可靠性值得怀疑。

韦斯特模型检验法。韦斯特模型检验法为检验股票价格泡沫设立的一种检验方法。① 韦斯特认为，如果股票价格中不包含泡沫，那么实际股价对股息前期值的回归系数、基础股价和前期股息之间函数关系的系数具有一致性。基于这种考虑，韦斯特模型检验法通过以下四个过程完成检验。第一步，设定两组共三个方程。第一组一个方程：1. 实际股价对前期股息的回归方程。第二组两个方程：2. 计算套利条件下股市贴现率的方程。3. 股息过程的 ARIMA 方程，这一方程主要说明股息的变动规律。第二步，经过 2、3 两个方程的估计可以获得股票基础价值与股息的函数关系。步骤如下：利用工具变量代入 2 式回归，获得股市的贴现率；从股息和前期股息数据的相关分析和回归分析，获得 3 式的回归系数；由以上两步就可以获得股票基础价值和股息的函数关系的系数。第三步，估计 1 式即实际股价对股息的回归系数。第四步，检验两者回归系数的一致性，通过检验则不存在泡沫，反之，则存在。韦斯特以股息和股价年度数据为样本，通过这种方法检验了 1871—1980 年的标准普尔 500 指数和 1928—1978 年道琼斯指数，结论为存在泡沫。韩

---

① West K. "A Specification Test for Speculative Bubbles". *Quarterly Journal of Economics*，1987（102）：553 – 580.

德宗以房价代替股价,以房租代替股息,运用韦斯特模型检验法检测了 1991 年第 1 季度至 2003 年第 4 季度北京、上海、深圳的房地产市场是否存在泡沫。[①] 但是发达国家发达的资本市场、股价和股息的样本值时间跨度长而准确,有利于对 2 式的套利条件下股市贴现率的计算和 3 式股息 ARIMA 方程的回归系数做出正确估计。我国房地产市场化是从 1998 年才开始的,房价和租金数据的时间序列的样本期短,资本市场并不完善,这就会导致难以计算 2 式中套利条件下的贴现率和正确估计 3 式中房租 ARIMA 的回归系数。韩德宗尽管以季度数据代替年度数据,通过缩小样本数据的时间间隔而增加样本量,但较短的样本期难以说明房租变动规律,只能是现有数据条件下的权宜之计,不能有效解决房租 ARIMA 的回归系数的估计问题。

(四) 指标法和因子分析法的研究思路

1. 指标法的研究思路

由于我国房地产方面数据的时间跨度较短、缺乏权威的房租数据等原因,指标法是国内学者对房地产泡沫进行测度的最主要方式。指标法一般通过房地产发展中的若干测度指标,以选取指标的实际数值和临界值也就是不允许值相比较,小于临

[①] 韩德宗:《基于 West 模型的房地产泡沫的实证研究——以北京、上海、深圳为例》,载《当代经济科学》2006 年第 5 期。

界值则正常不存在泡沫,大于则存在。根据选取指标的多少可以分为单指标法和多指标法。

第一,单指标法。利用单个指标,通过比较实际指标值和指标临界值的差异,测度房地产泡沫是否存在和大小。单指标法用(7)式表示。其中 B 代表泡沫程度,C 代表单指标实际值,D 代表单指标临界值。

$$B = (C - D) / D \qquad (7)$$

吕江林计算了我国城镇居民的房价收入比,认为我国住房市场总体存在较大的泡沫。① 房地产业发展的相关指标包含生产、交易、金融、消费等类,有几十种之多。用来测度房地产泡沫的单指标可能是房地产开发投资额/固定资产投资额、房价收入比、房屋空置率、房地产投资增长率、房地产贷款总额/金融机构贷款总额等几十种指标中的任何一个。

第二,多指标法。多指标法认为单指标法只能从房地产的某一方面来衡量房地产业的泡沫,所以产生了多指标法。多指标法一般通过选取房地产业生产、交易、金融、消费等类若干指标组成指标体系,通过设定不同指标的临界值和权重计算指标综合指数。指标综合指数大于1为存在泡沫,超过1的部分为泡沫程度。即

$$B = \sum_{i=1}^{n} (C_i / D_i) \beta_i B_i \ (\beta_1 + \beta_2 + \beta_3 + \cdots \beta_n) = 1 \qquad (8)$$

---

① 吕江林:《我国城市住宅泡沫水平的度量经济研究》,载《经济研究》2010年第6期。

其中 B 代表泡沫程度，C_i 代表单指标实际值，D_i 代表单指标临界值，C_i/D_i 为单项指标抽象值，β_i 代表单项指标权重。吕铮和高明用这种方法测度了重庆市房地产的泡沫。[①] 多指标法主要包括多指标法和功效系数法。功效系数法只不过是用另一种方式确定单项指标抽象值，可以看作是多指标法的变形。

2. 因子分析方法的研究思路

因子分析方法认为检测房地产业泡沫可用的指标包括生产类、交易类、消费类、金融类等几十种指标，如果依靠专家判断主观选择每类的代表性指标，依靠专家主观判断来确定所选指标的权重和临界值，显然缺乏客观性。因此可以用因子分析法变这些主观决定的部分为客观决定。王子成、明娟运用这种方法测度了广州市房地产泡沫。[②]

因子分析法是主成分分析法的推广，通常都是用主成分法提取因子和确定因子载荷。因子分析法实际上是利用降维的思想，由研究原始指标相关矩阵内部的依赖关系出发，把一些具有错综复杂关系的变量表示成少数的公共因子和仅对某一个变量有作用的特殊因子线性组合而成。就是要从数据

[①] 吕铮、高明：《重庆市房地产市场泡沫测度研究》，载《西南师范大学学报》（自然科学版）2012 年第 5 期。

[②] 王子成、明娟：《珠三角房地产泡沫测度实证研究——以广州为例》，载《经济地理》2007 年第 9 期。

中提取对变量起解释作用的少数公共因子，因子之间彼此不相关消除了信息的重叠，因子综合得分可以反映事物的本质特征。

根据对因子分析法的理解，以及对其在当前测度我国房地产泡沫中运用的研究现状的分析总结，笔者认为，当前研究者运用因子分析法测度房地产泡沫的研究思路可以这样概括：既然众多房地产泡沫的评价指标都体现了房地产泡沫的本质特征，那么这些指标之间应该有较高的相关性。首先根据初选指标之间的相关系数，从中选取相关系数较高的 p 项为评价指标。当前测度 n 年中历年的房地产泡沫水平，就可以通过计算这 p 项指标在不同年份的因子得分和因子综合得分，并对不同年份的因子综合得分进行比较获得。

（五）指标法和因子分析法的适用性分析

笔者认为，深入剖析当前研究者的研究思路，我国指标法和因子分析方法运用中普遍存在一个问题，即在初选指标时混淆了房地产景气状况的评价指标和房地产泡沫水平的评价指标的区别。房地产的景气状况是指房地产发展所处的周期阶段过热、过冷或正常。一般用房地产景气指数来表示房地产景气状况，房地产的景气指数是用合成后的综合指数的波动来反映房地产发展经济形势的变化的。① 房地产泡沫水平与房地产景气状况不同,三木谷良一认为房地产泡沫是指房地产资产价格严重偏离实体经济暴涨、然后暴跌的过程。② 王子明③、刘洪玉等④、包宗华⑤认为房地产泡沫往往会表现为房地产价格猛涨,并且远远地与其价值脱离,但是这一情形只是短暂的,最终都会像泡沫一样破裂。美国著名经济学家查尔斯·P. 金德尔伯格认为:房地产泡沫可理解为房地产价格在一个连续的过程中的持续上涨,这种价格的上涨使人们产生价格会进一步上涨的预期,并不断吸引新的买者——随着价格的不断上涨与投机资本的持续增加,房地产的价格远远高于与之对应的实体价格,由此导致房地产泡沫。泡沫过度膨胀的后果是预期的逆转、高空置率和价格的暴跌,即泡沫破裂,它的本质是不可持续性。⑥

---

① 赵黎明、贾永飞、钱伟荣:《房地产预警系统研究》,载《天津大学学报》1999 年第 4 期。

② 〔日〕三木谷良一:《日本泡沫经济的产生、崩溃与金融改革》,载《金融研究》1998 年第 6 期。

③ 王子明:《泡沫与泡沫经济——非均衡分析》,北京大学出版社 2002 版,第 7 页。

④ 刘洪玉、郑思齐、沈悦:《中国房地产市场中的"泡沫"与"过热"问题分析》,载《建筑经济》2003 年第 2 期。

⑤ 包宗华:《"中国房地产泡沫破裂论"为什么会"破裂"》,载《中国房地产》2005 年第 1 期。

⑥ 载于约翰·伊特韦尔、默里·米尔盖特、彼特·纽曼等编:《新帕尔格雷夫经济学大辞典》,陈岱孙等编译,经济科学出版社 1996 年版,第 306 页。《新帕尔格雷夫经济学大辞典》是由英国经济学家伊特韦尔约请美国经济学家米尔盖特和纽曼合作编纂出版的。这部大辞典由世界上 34 个国家的 900 多名知名学者(其中包括 13 位当时在世的诺贝尔经济学奖获得者中的 12 个)撰写,为当前最权威的经济百科全书。

从上述学者的概括可以看出,房地产泡沫是价格脱离基础价值的过程,价格高于基础价值的程度直接反映房地产泡沫水平。当前房地产景气状况和泡沫水平的评价指标一般为年度指标,房地产过热引起房地产泡沫,但某年的房地产泡沫是房地产发展过热长期累积的结果,某年的房地产泡沫水平与该年的景气状况相关,但某年的房地产景气状况的评价指标和该年的房地产泡沫水平的评价指标并不是一回事,某一年度的房地产泡沫水平是房地产长期的发展状况即房地产的长期景气状况的累积结果,以某一年度的房地产景气状况的评价指标代替该年度的房地产泡沫水平的评价指标显然是错误的。

　　房价高于基础价值的程度代表房地产泡沫水平,由于房地产基础价值难以计算,难以根据基础价值与市场价格的比较获得房地产泡沫水平,我们可以寻求其他反映房地产价格高低的指标,这种指标应该大致反映房地产价格脱离基础价值的程度,反映房地产泡沫水平。能够反映房地产泡沫水平的年度指标有房价收入比、房价租金率,空置率。由于缺乏我国统计部门关于租金的权威数据,房价租金率指标的实际值不好获取。国际上的空置率=商品房空置面积/全社会商品房竣工总面积,房地产投机越多,价格越远离基础价值,则商品房空置率越高。但我国和国际上的空置率并非同一概念,我国的空置率是指当期商品房空置面积/近三年商品房竣工总面积。这样我国的空置率只是反映了短期房地产的销售状况,可看作房地产景气状况的指标,不像国际上的空置率概念能够反映房地产泡沫水平。

房地产发展景气状况的评价指标有三四十种之多，可以分为生产、金融、交易、消费等四类。生产类指标为某年的房地产开发投资增长率、商品房新开工面积与施工面积之比、商品房施工面积与竣工面积之比等，金融类指标为某年的房地产贷款总额/金融机构贷款总额、房地产贷款增长速度等，交易类指标为某年的实际销售面积或实际销售额的增长率、商品房销售额/商品房开发投资额等，消费类指标为某年的房价增长率、房价增长率/GDP增长率等。这些年度指标一般为增长率或比率，都是与房地产发展的相关数据对比产生的，绝大多数指标的实际值可以在我国当前统计资料的基础上计算获得。这些指标反映了某年房地产在生产、金融、交易、消费等方面过热、正常或过冷的景气状况，是某年房地产景气状况的评价指标，但他们并不能反映某年房地产泡沫水平，不能以某年房地产景气状况的评价指标来代替某年房地产泡沫水平的评价指标。

由于上述房地产评价指标绝大多数都是景气指数的评价指标，以其作为评价指标测度我国房地产泡沫，无论是单指标法还是多指标法，则测度到的极大可能是房地产发展的景气状况，而非房地产泡沫水平。运用上述指标作为因子分析法的初选指标，而景气状况的评价指标多达三四十种，按照当前研究思路，根据相关系数大小选择进入因子分析的评价指标，则一般为景气状况的评价指标，当前采用因子分析法测度到的某年房地产泡沫指数超过临界值代表该年房地产业存在泡沫，在临界值之内代表该年正常。这显然是错误的。如果由于政府调控下一年上述指标均处于正常,因而用当前因子分析法测度到的房地产泡沫指数正常,那么只能说第二年房地产发展正常,但是不能说第二年房地产业不存在泡沫,如果房价和上一年相比一样高企,超出大多数购买者的收入数十倍,那么房地产仍然存在泡沫。

笔者认为,从当前因子分析法运用中的研究思路来看,由于以景气状况的年度指标为基础,根据相关系数检验选取评价指标,因而选取的评价指标应该是景气状况的评价指标。根据评价指标进行因子分析,则测度到的是 n 年中不同年度的景气指数的本质特征。因此,尽管当前运用因子分析法会排除因为信息的重叠而抹杀内在特征,但因为混淆了评价指标,从这些指标中提取的内在特征也并非房地产泡沫的内在特征,而是房地产发展景气指数的内在特征。

基于研究思路,对当前测度我国房地产泡沫不同方法适用性方面的普遍存在的缺陷进行总结,如表3-1。

表3-1 房地产泡沫测度方式的分类、缺陷及原因

分类	小分类	普遍存在的缺陷	原因
直接检验法	收益还原法	基础价值难以确定	房租样本期短,不准确等;贴现率难以确定
	拉姆齐模型法	基础价值增长率难以确定	太多与现实不符合的假定
	状态空间方程法	基础价值难以确定	房地产泡沫形式不确定

分类	小分类	普遍存在的缺陷	原因
间接检验法	单位根—协整检验	只能检测有无泡沫，而且不准确	样本期短，房租数据不准确
	韦斯特模型检验	只能检测有无泡沫，而且不准确	资本市场化程度低，样本期短、数据不准确等
指标法	单指标法	常常是用单指标法测度的景气指数	混淆了泡沫测度和景气指数在指标选择上的区别
	多指标法	是用多指标法测度的是景气指数	混淆了泡沫测度和景气指数在指标选择上的区别
因子分析方法	因子分析法	是用因子分析法测度的景气指数	混淆了泡沫测度和景气指数在指标选择上的区别

（六）房价收入比是适合作为测度住宅市场泡沫的指标

比较而言，本文认为房价收入比是一种较好的测度城市住宅市场泡沫水平的指标。有三点原因。

第一，房价收入比是反映城市住宅市场泡沫化程度的指标。房价高于基础价值的程度代表房地产泡沫水平，由于房地产基础价值难以计算，难以根据基础价值与市场价格的比较获得房地产泡沫水平，我们可以寻求其他反映房地产价格高低的指标，这种指标应该大致反映房地产价格脱离基础价值的程度，反映房地产泡沫水平。房地产的价值包括地价和造价两部分，造价随经济增长变化不大，投机产生的泡沫成分包含于地价中。房地产的基础价值大致是普通人能够承担起的，相当于中位数收入者的一生收入的一定比例，正因为泡沫房地产价格才大于这一定比例。因此，房价收入比指标能反映城市住宅泡沫水平的本质。

第二，房价收入比的实际值容易获取。国际上公认的房价收入比的定义，即联合国人居署《城市指标指南》给出的房价收入比定义，是指单元住房自由市场价格的中值和居民家庭年收入的中值的比值。这两个中值在我国都没有统计数据，但"中位和平均收入的比值仍可以用于获取新的中位数，收入的分布不像收入本身变化那么快"①。因此，我们可以先根据现有统计资料算出两个平均值，再根据平均值和中位值的关系，计算出其中位值。张清勇对郑思齐、满燕云等研究的中位数房价与平均房价的比例关系进行了总结：房价中位值约为平均值的72%②。国家统计局 2007 年调查的城镇住户家庭收入中位值是平均值的 75%③。由于两者中位值占平均值的百分比相差不远，我们也可以以平均值代替中位值来进行房价收入比的计算。实

---

① 联合国人居署、发展规划署和世行的一份报告在 Help Notes 中也写道，"如果平均数可得而中位数不可得，可能可以从某些全国性或特定调查中获得中位数与平均数的比值，或者应用对许多发展中国家的研究发现，即中位收入一般是平均数的 70%（Moser 等，1996）。

② 张清勇：《房价收入比的起源、算法与应用：基于文献的讨论》，载《财贸经济》2011 年第 12 期。

③ 满燕云：《中国城市住房研究：现状与挑战》http：//siteresource.world-bank.org，2009 年 10 月 22 日。

际上,世界银行、联合国人居署①和我国很多研究者在计算我国的房价收入比时,都是以平均数取代中位数来进行房价收入比的计算的。我国统计局有我国以及各省市范围内的历年城镇居民家庭人均可支配收入的数据,以及历年来我国及各省市范围内城镇家庭家庭户均人口的数据,我们可以把这两者相乘,获得历年城镇家庭平均收入的数值。同时我国及各省市统计部门公布了近年来商品住宅平均销售价格,商品住宅销售额、销售套数、销售面积的数据。我们可以利用这些数据得到我国及各省市城镇单套住房价格的平均值,将上述这两个平均值相除,便得到房价收入比。

我们可用下面方法计算房价收入比,我国商品住宅价格泡沫2002年后出现的,我们可以结合临界值来测度我国2002年后历年的商品住宅价格市场泡沫水平。

房价收入比 = 商品住宅平均单套价格/城镇家庭平均可支配年收入 = (商品住宅平均销售价格×套均销售面积)

/(城镇家庭人均可支配收入×户均人口数) = 商品住宅平均销售价格×商品住宅销售面积

/(销售套数×城镇家庭人均可支配收入×户均人口数)
= 销售额/(销售套数×城镇家庭人均可支配收入×户均人口数) (9)

距离2002年较近的年份,有些省市统计部门缺少当年商品

---

① Kim, Kyung–Hwan. China CDS Performance indicators Manual. 2002.

住宅销售套数的数据,难以根据统计资料计算出当年单套住房价格的平均值,笔者以当年人均住宅建筑面积代替套均销售面积。则以下式计算:

房价收入比 = 商品住宅平均单套价格/城镇家庭平均可支配年收入 = (商品住宅平均销售价格 × 人均建筑住宅建筑面积)/城镇家庭人均可支配收入　　　　　　　　　(10)

第三,房价收入比的临界值容易获取。住宅支出只应该占一生收入的一定比例,或者若干年的收入。房价超过城镇家庭平均年收入的一定倍数表明商品住宅价格存在泡沫。我国年收入接近于城镇家庭平均可支配年收入的家庭是商品住宅需求的主体,在收入增长过程中,这一人群的收入增加幅度相对较小。我们可以结合他们的收入增长状况等较容易的确定其临界值。

当前,我们可以用两种方法计算房价收入比的临界值。第一种是一种简单的算法。假定住房支出占家庭收入最高不应该超过25%。估算家庭存续期的总收入和年平均收入,即可以计算出房价收入比的临界值:房价收入比临界值 = (家庭存续期总可支配收入 * 25%)/家庭年平均可支配收入 = (家庭存续期 * 家庭年平均可支配收入 * 25%)/家庭年平均可支配收入 = 家庭存续期 * 25%。我们假定中等收入者走上工作岗位即为买房做准备,以某人独立工作走上工作岗位确定家庭存续期。

第二种考虑按揭贷款、按揭利率等问题。我国城镇居民当前按揭还款有两种方式——等额本息法和等额本金法,均为按月还款。等额本息法每月还款额相同,便于计算和还款。等额本金法每月还的按揭贷款本金相同,加上每月应还的利息,前期还款额较等额本息法多,到后面较少。按照等额本息法还款,符合中等收入者的收入状况和收入增长状况。笔者调查发现,当前我国城镇居民购房大多采用的按揭方式是等额本息法。因此按照第二种算法,我们假定中位数收入者采取等额本息法,每月还款额相同:

$$P = kP + \frac{X}{1+i} + \frac{X}{(1+i)^2} + \cdots \frac{X}{(1+i)^n} = kP + \sum_{i=1}^{n} \frac{X}{(1+i)^n} = kP + \frac{X}{i} \frac{(1+i)^n - 1}{(1+i)^n} \quad (11)$$

P 为房价,k 为购房者首付比例,i 为按揭贷款月利率,X 为购房者每月支付,n 为还款期限,b 为我国城镇居民平均消费倾向。假定城镇居民家庭每月除消费之外的全部余额用于购房月供,$1-b$ 为我国居民可用于月供的收入比例,Y 为城镇居民家庭年均可支配收入,r 为城镇居民家庭月均可支配收入增长率。则

$$X = \sum_{i=1}^{n} \frac{Y(1-b)}{12}(1+r)^n \quad (12)$$

i、b、r、k、n 均可根据我国统计部门资料获得。把(12)代入(11),即可得

$$P = kP + \frac{Y(1-b)}{12} \left[\frac{(1+r)(1+i)^n - (1+r)^{n+1}}{(i-r)(1+r)^n} \right] \quad (13)$$

$$\frac{P}{Y} = \frac{(1-b)}{12(1-k)} \left[\frac{(1+r)(1+i)^n - (1+r)^{n+1}}{(i-r)(1+r)^n} \right] \quad (14)$$

（七）本章小结

房地产发展中包含众多的相关变量或相关指标，以某些变量之间的数理关系作为研究对象，或者通过发现不同时间段房地产发展中众多指标的变动规律或单个指标的实际值与临界值做比较，当前都被作为测度我国房地产泡沫水平的方式。这就导致当前测度我国房地产泡沫的研究视角以及研究方法的多样化。利用某些变量之间数理关系来测度我国房地产泡沫，是在现有数据条件下的权宜之计。有些指标不能反映房地产泡沫水平，有些指标受当前数据条件和研究现状的限制，难以确定其实际值和临界值。因此，当前采用的很多测度方法，难以对房地产泡沫水平做出较为准确的测度。本文认为，住宅是房地产的重要组成部分，房价收入比能够反映我国城市住宅市场泡沫水平。这一指标实际值容易获取，临界值也易界定，是当前测度城市住宅市场泡沫具有可操作性和适用性的指标。

同时，当前我国房地产泡沫测度的研究一般在测度获得一个泡沫水平后，提出政策建议。这种研究方法提出的政策建议，不是在对房地产泡沫的影响因素进行实证研究的基础上得出的。依靠这种方法，难以分析各影响因素对房地产泡沫的贡献大小。本文认为，我们可以以房价收入比指标来测度北京市1987—2015年住宅市场泡沫的大小。根据住宅市场泡沫的成因理论，从历史视角分析北京市不同时期住宅泡沫的的成因，又可以以房价收入比测度到的北京市 1987—2015 年住宅市场泡沫水平为被解释变量，以影响因素为解释变量，通过实证研究各影响因素对北京住宅产业泡沫的作用和作用大小。理论分析和实证研究相结合，无疑有助于我们更深入了解北京住宅产业的泡沫水平演变的影响因素，以及不同影响因素对北京住宅产业泡沫的贡献大小，有利于深入和统一北京住宅产业泡沫的测度和研究，获得更有价值和意义的研究结论。

四　北京市当代城镇住宅市场发展的历史回顾

本章基于北京市当代城镇住宅市场历史发展的脉络，将北京市住宅市场的发展分为四个阶段。[①] 1986—1998 年为第一阶段，这一阶段是北京市住宅市场的萌芽阶段；1999—2004 年为第二阶段，这一阶段是北京住宅市场初步发展阶段；2005—2010 年为第三阶段，这一阶段是北京住宅市场的大发展阶段；2011—2015 年为第四阶段，这一阶段是北京住宅市场发展的加强调控阶段。

---

① 由于我国法律禁止农村宅基地和农村住房的自由转让、交易买卖，可以认为我国并不存在农村住宅市场，因此本文提及北京城镇住宅市场时简称为北京住宅市场。

(一)北京市住宅市场化发展的萌芽阶段(1986—1998)

1. 我国城镇住宅改革阶段(1978—1998)

历史学意义上的当代,对于全球而言,通常是指"二战"之后;对于中国而言,通常是指1949年10月1日中华人民共和国成立以后。[①] 新中国成立以后,经过1950—1956年的社会主义改造之后,建立了高度集中统一的计划经济体制。1950—1956年社会主义计划经济体制逐步建立,这一时期我国逐步没收和购买部分私人房产,用作城镇公有住房。在1950—1956年这一阶段,并不存在城镇住宅市场生存的土壤。而在1956—1978年,在高度集权的计划经济体制主导下,城镇住宅市场也无从存在。

1962年,中共中央、国务院在第一次全国城市工作会议上正式确定了我国城镇公有住宅的方针,即"统一规划,统一分配,以租养房"。按照这个方针,我国按照国家统一规划建设城镇公有住宅,住宅投资资金由财政拨款,获得住宅投资项目和基金的单位,独立完成从征地到施工的全面工作;公有住宅的所有权归国家或代表国家、集体的企事业等单位所有,使用

[①] 朱佳木:《对中国当代史定义、分期、主线问题的思考的再思考》,当代中国研究所网站,2010年9月13日,http://www.iccs.cn/contents/297/7898.h。

权、占有权由房屋使用者享有,房屋使用人一般按月交纳房租;公有住宅以实物形式按行政等级等进行分配,不同的行政级别或职称可对应享受某一待遇的公有住宅。① 这种城镇居民住宅的分配方式,称为"福利性分房",或者住宅的实物分配方式。房屋使用人为每月居住的公有住宅支付的房租金额很少,直到 1987 年我国城镇居民家庭全年生活消费支出中平均房租支出只占 0.87%。② 这种住宅福利制在建国初期人民生活水平比较低、工资较低的情况下,较好地解决了城镇居民的住房问题,对保证人民生活起到一定作用。然而,随着经济社会的发展和人口的增长,这种住宅福利分配制度的弊端逐渐显现出来。最严重和现实的问题是,实物分房及住房低租金加重了国家财政负担,使住宅资金无法良性循环,不利于住宅的再生产和日常维修。公有住宅建造后几乎无偿分配给城市职工,不但每年的住宅投资资金无法及时回收,而且国家每年还要拨专款进行房屋的维修。房租低廉,尚不足以支付住宅维修费用,住宅的损耗与淘汰厉害,严重影响了公有住宅生产和现有住宅的维护,住宅短缺状况十分普遍。改革开放之前,城镇居民的人均居住面积从建国初的 4.5 平方米下降到 1978 年 3.6 平方米。③

---

① 毛军:《我国城镇住宅分配制度的历史沿革及现实选择》,载《福建师范大学学报》(哲学社会科学版) 1999 年第 3 期。
② 毛军:《我国城镇住宅分配制度的历史沿革及现实选择》,载《福建师范大学学报》(哲学社会科学版) 1999 年第 3 期。
③ 成思危:《中国城镇住房改革——目标模式与实施难点》,北京民主与建设出版社 1999 年版,第 106 页。

针对长期计划经济体制下我国城镇居民住房的困局，1978、1980、1981年邓小平同志先后多次就城镇住房改革提出自己的看法，主要改革思路可以概括如下：改革城市住宅建设的一系列政策，允许私人建房，也可以私建公助，城市居民可以自购自建；要联系房价调整房租，通过逐步提租让人们觉得买房划算；出售公房，新建住房和老房子都可以出售；购买住房可以分期付款，住宅商品化等等。[①] 邓小平的上述思想为我国城镇住宅商品化指明了方向，也为我国城镇住宅改革拉开了序幕。

经过理论界的讨论和探索，这一时期我国政府逐步明确了城镇住房分配的商品化、社会化和货币化的道路。1984年下半年，国务院颁布的《关于改革建筑业和基本建设管理体制若干问题的暂行规定》中提出"推行住宅商品化"[②]，第一次正式提出了城镇住宅改革的商品化道路。紧接着，国务院1984年10月11日批转城乡建设环境保护部《关于扩大城市公有住宅补贴出售试点报告》，通知各地各部门研究执行，指出"城市公有住宅补贴出售给个人，是逐步推行住宅商品化、全面改革我国现行住房制度的重要步骤"[③]。同年，国家计委、经委、国家统

---

① 《国务院谷牧副总理在城市住宅建设会议上的讲话（摘录）》（1978年9月7日），中共中央文献研究室编：《邓小平年谱（1975—1997）》（上），中央文献出版社2004年版，第614-615页；《邓小平同志关于建筑业和住宅问题的谈话》，《人民日报》1984年5月15日。

② 《国务院做出关于改革建筑业和基本建设管理体制若干问题的暂行规定》，1984年10月3日。

③ 《国务院批转城乡建设环境保护部报告》，《人民日报》1984年10月17日。

计局、标准局等批准颁布了《国民经济行业分类标准和代码》，首次把房地产业列为独立的行业。① 1987年中国共产党第十三次全国代表大会的《沿着有中国特色的社会主义道路前进》报告中关于经济体制改革的部分，强调加快建立和培育社会主义市场体系，指出："社会主义的市场体系，不仅包括消费品和生产资料等商品市场，而且应当包括资金、劳务、技术、信息和房地产等生产要素市场；单一的商品市场不可能很好发挥市场机制的作用。"② 这是我国社会主义经济发展史上第一次明确提出的房地产市场的概念，宣告了我国房地产市场建立的开始。1994年制定的《国务院关于深化城镇住房制度改革的决定》中，正式提出"把住房实物福利分配的形式改变为按劳分配为主的货币分配形式"③。1998年提出终止城镇居民住宅的福利分配，明确了城镇居民住宅分配的商品化、市场化、社会化。

1978—1998年，与城镇住房改革的思想相匹配，国家不断制定并出台改革城镇居民福利分房制度的政策，试图改变城镇住房福利分配制度。1979年，国家城建总局决定试行以成本价将新建住房销售给居民，并选择西安、南宁、柳州、桂林、梧

---

① 何国钊、曹振良、李晟：《中国房地产周期研究》，载《经济研究》1996年第12期。

② 赵紫阳：《沿着有中国特色的社会主义道路前进——在中国共产党第十三次全国代表大会上的报告》，1987年10月25日，中国政府网，http://www.gov.cn/test/2007-08/29/content_730445.htm。

③ 《国务院关于深化城镇住房制度改革的决定》，2003年8月12日，中华人民共和国国务院办公厅政务信息公开栏网，http://www.gov.cn/xxgk/pub/govpublic/mrlm/201011/t20101115_62794.html。

州五个城市试点。1982年4月，国务院原则上同意了《关于出售住宅试点工作座谈会情况的报告》，有关部门设计出"三三制"的补贴出售住房方案，即由政府、企业和个人各负担房价的1/3。1986—1990年，城镇住房改革开始以"以提租为重点的提租补贴、以租促售的改革"。1991—1993年进入以售带租的住房改革新阶段，即新房采取售的形式，带动旧房租金的增长，最终实现城镇住房的商品化。1994—1998年是住房分配货币化的过渡阶段。1979年以成本价售房的效果并不好，因为当时我国城镇居民的购买力水平较低，到1981年底，全国试点城镇售出的住房只有3000余套。[①] 而"三三制"的售房方案存在售房越多、国家和企业补贴越大，难以有效回收住房建设资金的问题，影响了住房建设资金的良性循环。公有住宅的"补贴出售"中国家、单位、个人三者只占住宅造价的50%，在实践中存在住宅价格被人为过度压低，容易造成地方政府和企业负担太大、国有资产流失等缺陷。1985年停止了这种做法。1986年在烟台等城市开始试行的"以提租为重点的提租补贴、以租促售的改革"，在实践中常常出现提租比例较少、城镇职工愿意继续租公房而不愿意买的局面。1991年后开始的住房改革逐渐明确了住房商品化、货币化的道路，为1998年最终提出终止福利分房，实现住房分配的货币化、社会化、市场化铺平了

---

① 郭玉坤：《中国城镇住房保障制度研究》，西南财经大学博士论文，2006年。

道路。

这一阶段土地转让制度的改革,为1998年开始的北京住宅市场化奠定了土地制度的基础。1987年11月26日,深圳市政府首次公开招标出让第一块住房用地,12月10日首次以拍卖方式出让一块土地,拉开中国土地市场化的序幕。1988年4月12日,七届全国人大一次会议通过《中华人民共和国宪法修正案》,规定"土地的使用权可依照法律的规定转让"。1990年8月,国务院制定的《城镇国有土地出让和转让条例》对国有土地使用权的出让、转让、出租、抵押做出系统规定,居住用地使用权为70年。之后陆续出台的法律法规政策,构成了中国城市土地市场的基本框架。

这一时期住房消费方面的金融支持政策,主要体现为住房公积金制度的建立,为住房市场化提供了买方金融支持的制度基础。1991年5月,上海市借鉴新加坡公积金制度的成功经验,结合我国国情,率先建立了有中国特色的住房公积金制度。从1992年起,北京、天津、南京、武汉等城市相继建立了符合本地实际的住房公积金制度。

本文认为,1988年《中华人民共和国宪法修正案》允许土地使用权的转让和1992年北京市住房公积金制度的建立,为北京市住宅市场的兴起奠定了土地制度框架和基本的金融支持,有助于北京市住宅市场化发展的速度和范围。

2. 北京市城镇住宅市场化发展萌芽阶段（1986—1998）

在 1978—1998 年我国房改过程中，作为首都的北京并没有走在前列。主要原因在于：第一，北京市的房屋产权关系复杂；第二，北京市是中央党政军首脑所在地，领导干部、民主人士、高级知识分子多。可以说在这一过程中，北京住宅的市场化之路并不迅速。另外我们也应看到，1978—1998 年我国城镇居民住宅市场化改革取向只是在渐进地明确之中。在这一阶段，我国城镇居民收入水平较低，以及人们对旧的住房实物分配制度的依赖等，商品房的个人购买者也只能是少数先富起来的人。

北京最早的商品房建设可以追溯至 1984 年开始修建的方庄。当时，为解决首都居民住房难和改善南郊的城市面貌，北京市政府决定在市东南建设方庄住宅区，并由北京城市开发股份有限公司承担建设。方庄刚建起时，除供给拆迁户外，也有少量的商品住宅向外出售。除中央国家机关及各大国企外，京城一批最先富起来的人也竞相抢购方庄房产。北京市城市建设开发总公司宣传科科长王建群告诉记者，方庄的商品房 1986 年就开始出售，不仅聚集了众多中央部委政府官员及国企高层领导，还吸引了一大批商界成功人士与影视明星。家住芳城园二区的吴老先生告诉记者，他是全国人大常委会的离休老干部，他所住的 8 号楼是一栋 4 层小洋房。吴老先生称，著名画家吴冠中、著名词作家乔羽及著名相声演员姜昆等都曾在这几栋小洋楼里居住过。而芳城园一区更是"明星荟萃"，影视界名人张国立夫妇、刘晓庆、大山、那英和宋丹丹等也都曾落户于此。① 在1980年代，北京市并没有大型商品住宅区，零星的商品房出售类似于方庄形式。在1990年代，北京开始有了亦庄的大雄城市花园、通州的华兴园和武夷花园、黄村的兴涛家园、亚运村、望京等大型住宅区。随着商品住宅不断增加，北京住宅市场不断发展。然而，绝大多数北京市城镇居民或者没有能力、或者不愿意去购买价格远高于单位公房的商品房，因此这一时期北京住宅市场发展的速度是缓慢的。

我们只能获得1987年之后的北京住宅市场价格数据，从这一时期处于萌芽期的北京市住宅市场情况来看，尽管价格从1987年的627元/平方米上升到1998年的4815元/平方米②，但主要的购买者是单位或者较为富裕的小众人群。与北京住宅投资销售相关的1980年代的数据，我们只能获得北京市房地产开发投资完成额1986年之后的数据。从1986—1990年房地产开发投资完成额的数据分别是8.8亿元，18.2亿元，21亿元，24.1亿元，22.5亿元，而1990年住宅投资完成额数据仅为12.3亿元。1992年后住宅投资完成额仅超过20亿元。③ 可见1987—1990年北京市住宅市场规模之小。基于数据的可获得性，本文对1991—2015年间北京住宅市场不同时期的年均销售

---

① 北京金网络房地产有限公司市场研究中心编辑：《北京房地产历史十五年回顾专辑》，2005年，http://www.docin.com/p-258200468.html。
② 数据来源：北京统计信息网。
③ 数据来源：中经网统计数据库。

面积、年均竣工面积、年均销售额、价格区间做了测算。从表4-1可见,有记载数据的1991—1998年的年均住宅商品房销售面积为176.04万平方米,年均住宅销售额72.78亿元,年均住宅竣工面积346.65万平方米,远远低于后期。并且因为1998年是住宅实物分配的最后一年,北京很多企事业单位突击盖房,加快了住宅投资竣工速度。如果将1998排除在外,则上述三者分别为164.59万平方米,57.49亿元,312.07万平方米,更是远远低于后期。因此本文认为1987—1998年是北京住宅市场的萌芽期。

表4-1 北京住宅市场不同历史阶段的相关数据对比

年度区间	1991—1998	1999—2004	2005—2010	2011—2015
年均销售面积（万平方米）	176.04	1361.95	2193.21	1229.07
年均竣工面积（万平方米）	346.65	1611.04	1899.95	1542.69
年均销售额（亿元）	72.78	627.31	1826.81	1771.23
房价区间（元/平方米）	1418.1—4815	4456—4787	6162—17151	15518—22300

注：根据北京统计信息网、中经网统计数据库数据整理。

（二）北京市住宅市场化发展初期（1999—2004）

改革开放以来,我国城镇住房不断渐进改革积累了宝贵的经验和教训,面对我国城镇住房市场化缓慢发展及亚洲金融危机给我国经济造成的通货紧缩、经济增长速度下滑的严峻形势，1998年7月，国务院下发《关于进一步深化城镇住房制度改革加快住房建设的通知》。这份被称为房改纲领的"23号文件"，宣布1998年下半年停止住房实物分配。从此我国城镇居民的福利分房制度废止，我国城镇居民只能通过住宅市场解决住房需求，城镇住宅市场化之路完全打开。① 2003年8月《国务院关于促进房地产市场持续健康发展的通知》指出，房地产业已经成为国民经济的支柱产业。②

  1998年以前，我国对房地产的贷款主要是对房地产开发建设的贷款，主要以中国建设银行为主负责发放。与房地产开发建设贷款相比，住房消费贷款无论是数额还是占房地产贷款的比例，都处于次要地位。1998年4月7日，中国人民银行发出《关于加大住房信贷投入，支持住房建设与消费的通知》，要求"为促进城镇住房制度改革，把住宅业培育为新的经济增长点，提高对住房信贷重要性的认识。各商业银行要调整贷款结构，积极支持住房建设和消费，允许所有商业银行在所有城镇对所有商业住房办理个人住房贷款业务，要求1998年新增住房贷款按各行当年新增贷款的15%掌握。1998年，各银行住房消费贷

---

  ① 《国务院关于进一步深化城镇住房制度改革加快住房建设的通知》，载《河南政报》1998年第8期。
  ② 《国务院关于促进房地产市场持续健康发展的通知》，中国政府网，http://www.gov.cn/zwgk/2005-08/13/content_22259.htm。

款增加额原则上不少于住房建设贷款增加额"①。1998年5月9日，中国人民银行出台《个人住房贷款管理办法》，规定贷款首付比例为30%，贷款期限最长为20年，按揭贷款利率在基准利率基础上下浮。② 1998年7月3日的《国务院关于进一步深化城镇住房制度改革加快住房建设的通知》也以较大篇幅布置了发展住房金融的工作，要求"取消对个人住房贷款的规模限制，适当放宽个人住房贷款的贷款期限"③。可见，从这一历史阶段起，我国住房按揭贷款的金融支持走上了快车道。

这一阶段，面对初步发展的城镇住宅市场，我国政府出台了各种有力的政策，大力支持住宅产业的发展。

在我国住宅市场化之门打开之后，这一时期北京市住宅市场也获得了前所未有的发展，北京市住宅市场投资完成额呈现逐年递增态势，从1998的168亿元递增到2004年的775.99亿元，年均住宅投资完成额为497.46亿元；住宅销售面积从1998年的256.2万平方米增加到2004年的2285.82万平方米，年均住宅销售面积为1361万平方米；住宅竣工面积从1998年的588.7万平方米增加到2004年的2343.95万平方米，年均住宅竣工面积为1611.04万平方米。住宅销售额从1998年的179.8

---

① 程红梅：《中国当代房地产金融思想发展研究（1978—2005）》，复旦大学博士论文，2007年。
② 中国人民银行：《个人住房贷款管理办法》，1998年5月9日，http://www.pbc.gov.cn/publish/zhengwugongkai/502/1821/18213/18213.html。
③ 《国务院关于进一步深化城镇住房制度改革加快住房建设的通知》，载《河南政报》1998年第8期。

亿元增加到2004年的1085.11亿元，年均住宅销售额为627.31亿元。呈现购销两旺的局面。

从表4-1可见，与上一阶段比较，尽管住宅销售面积、竣工面积、销售额均大幅增长，但是与下一阶段相比，本阶段的住宅销售面积、销售额、竣工面积均较低。同时，这一时期的住宅价格变化不大，相比较前一阶段住宅价格一直保持在高位。最高为1999年的4787元，最低为2003年的4456元，其余年份在4456元和4787元之间。因此本文认为这一阶段是北京城镇住宅市场化发展初期。

（三）北京市住宅市场大发展时期（2005—2010）

2005—2010年是北京市住宅价格上升速度最快的时期。上文叙及，2003年8月国务院指出房地产业已经成为我国的支柱产业。2004年3月30日，国土资源部、监察部联合下发了《关于继续开展经营性土地使用权招标拍卖出让情况执法检查工作的通知》，规定自8月31起，不得再以历史遗留问题为由采用协议出让经营性土地使用权，国有土地要以公开的招标、拍卖、挂牌出让方式完全取而代之。房地产业的国家支柱产业定位和国有土地使用权招拍挂制度的全面实施极大刺激了这一时期北京住宅市场的发展。

总体来看，这一时期北京住宅价格上升速度很快，从2004年的4747元/平方米上升到2010年的17151元/平方米。这一时期，又可以分为两个阶段：第一个阶段是 2005 年 1 月—2008 年 7 月，这一阶段北京市住宅价格单边上涨。第二阶段是 2008 年 8 月—2010 年 12 月，这一阶段由于金融危机的发生和国家对房地产业的宏观调控，北京市住宅产业经历了萧条—过热—调控的三个不同分阶段。

第一阶段，北京市住宅价格从 2005 年的 6162 元/平方米涨到 2008 年 7 月的 12648 元/平方米。在这一阶段，我国经济出现过热，不断上涨的房价推波助澜，我国政府不断出台各种调控和监管措施，但是仍然难以控制房价上涨的速度，直至金融危机发生，房价下跌。

第二阶段，由于金融危机波及我国，我国经济增长速度明显下滑，房地产价格下降，北京市住宅价格自 2008 年 8 月开始下降，为了刺激经济增长，我国政府从 2008 年 9 月开始至 2009 年 12 月，出台一系列税收、贷款等方面政策鼓励房地产投资。仅仅一年左右，我国房地产价格就出现持续较快增长，经济出现过热迹象，我国政府为了抑制房地产的过热和通货膨胀等，对住宅产业重新开始实施抑制性调控政策。

尽管这一时期北京住宅价格波动较大，但总体来看上升速度很快，从 2004 年的 4747 元/平方米上升到 2010 年 17151 元/平方米，住宅投资从 2004 年的 776 亿元上升到 2010 年 1508.95 亿元，年均住宅投资完成额为 998.49 亿元；住宅销售额从上一阶段最高的 2004 年的 1085.11 亿元上升到 2010 年的 2060 亿元，2009 年曾经到达 2486.77 亿元，年均住宅销售额为

1826.81亿元；住宅年均销售面积为2193.21万平方米；年均住宅竣工面积为1899.95万平方米。从表4-1可见，与其他不同时期同类数据对比，这一阶段北京住宅市场的销售面积、竣工面积、销售额不仅较前一阶段有较大增长，也高于2011—2014年的同类数据，更是远远高于其他阶段。对比竣工面积和销售面积，可见，这一时期北京住宅市场供不应求。因此，本文认为2005—2010年是北京住宅市场大发展阶段。

（四）北京市住宅市场加强宏观调控时期（2011—2015）

在2009—2011年我国政府的强刺激政策作用下，我国宏观经济迅速转向过热，2009年后一年多的时间，各地的房价不断上涨，我国通货膨胀水平也持续维持在高水平，政府转而对房地产业实行抑制性宏观调控政策。2011—2015年这一时期，我国经济经历了由过热转向增速持续下降的过程。2011年我国各大中城市房地产泡沫水平已经很高，当年新国八条出台，随后北京市制定并执行更为严厉的限购令细则，以及新一届中央政府反腐、不动产登记条例的即将出台和房产税实施的预期，北京市住宅市场发展波澜不惊，商品房价格既没有2005—2008年那样的上涨速度，也没有2008—2010年那样有较大的起伏。

从表4-1可见，北京在这一时期的住宅价格最低为2011年的15518元/平方米，最高为2015年的22300元/平方米，住宅价格上升速度远低于前期，呈缓慢上升趋势。在这一时期年均住宅销售面积1229.07万平方米，年均住宅竣工面积1542.69万平方米，年均住宅销售额为1771.23亿元。与上时期相比，这一时期的住宅销售面积和竣工面积均较上一阶段有较大幅度下降，这就使得在这一时期住宅均价高于上一阶段的情况下，住宅年均销售额仍然低于前者。本文认为，之所以如此，正是因为这一阶段北京市住宅市场实行了强化版的宏观调控，从而销售面积减少，价格提高速度下降。因此本文认为这一阶段是北京市住宅发展的加强宏观调控时期。

五 北京市住宅市场泡沫水平演变原因的历史透视（1987—2015）

在第二章，我们在梳理房地产泡沫成因理论基础上，提出了关于房地产泡沫成因的理论总结。在第三章，我们对不同房地产泡沫测度方法进行研究，提出只有房价收入比适用于测度住宅市场的泡沫水平。第四章，我们回顾了北京当代住宅市场发展的历史，把北京市当代住宅市场的发展分为四个阶段。本章我们将从历史视角出发，从预期、供求对比、银行信贷、国家关于房地产发展制度和政策等因素变动来分析不同历史阶段北京市城镇住宅市场的泡沫水平变动原因。

（一）计算北京市住宅市场泡沫的临界值选择及相关说明

本章首先需要测度北京1987—2015年住宅市场泡沫水平，而测度的基础是确定北京住宅泡沫指数的临界值。

1. 北京市住宅泡沫指数的临界值选择

上一章提到,房价收入比临界值的计算有两种方法。第一种方法是:房价收入比临界值 = 家庭存续期 * 25%。

按照第一种方法,房价收入比临界值 = 家庭存续期 * 25%。主要的问题是家庭存续期。我们假定一个人 24 岁走上工作岗位,60 岁退休,60 岁以后由于中位数收入者家庭可支配总收入下降、身体健康情况下降等各方面原因,我们认为需要支付的健康费用增多,不应再被计入应该有能力支付房价的年龄。[①]我们假定能够支付房价的时间为 36 年,则房价收入比的临界值为 9。

按照第二种方法,需要确定首付比例和家庭可支配收入年增长额。由国家统计局出版的《中国统计年鉴》2001—2008 年城镇居民人均年可支配收入和人均年消费性支出数据计算可知,2000—2007 年,我国城镇居民平均消费倾向从 79.59% 逐渐降为 72.52%,年均约降低 1.118 个百分点。[②]

我们假定家庭有能力支付按揭贷款的家庭存续期为 36 年,

[①] 当前缺乏我国公民平均在职年限等相关数据。之所以这样假定,是因为我们假定一个人 7 岁上学,复读一年,大学毕业后 24 岁,我国法定男性公民退休年龄 60 岁。由于女性公民退休年龄 55 岁,实际上,这样的假定会提高房价收入比的临界值。而如果大于这一临界值,也就更能说明住宅市场泡沫水平之高。当然,考虑到我国居民灰色收入的因素,对于提高临界值的影响会缩小。

[②] 吕江林:《我国城市住房市场泡沫水平的度量》,载《经济研究》2010 年第 6 期。

假定中位数收入者为了早日支付首付,节约消费支出,把家庭可支配收入的30%储存10年后,即36*0.3=10.8,能够支付首付。家庭首付比例为30%,剩下的按揭贷款打算在20年还清,平均消费倾向70%。1993—2012年,按照当年物价计算,北京市城镇居民人均可支配收入年均增长速度为13.5%,1994—2012年,按照当年物价计算,北京市城镇居民人均可支配收入年均增长速度为12%。不考虑物价因素,为了计算方便,我们假定北京市城镇居民年均可支配收入增长速度为12.4%,计算可知,对应的月均可支配收入环比增长速度为0.5%。

我国1998年城镇住房改革以来,央行的五年期以上按揭贷款利率水平最高为2007年9月14日至2007年12月21日执行的商业银行年利率7.83%,对应月利率为0.65%;最低为2008年12月23日以后执行的五年期以上贷款年利率5.94%,对应月利率为0.50%,而2008年12月23日以后首套房执行五年期以上贷款年利率的七折优惠利率,即4.16%,对应月利率0.35%。① 我们取上述三种利率的平均值,即月利率0.5%,对应年利率6%。

i = r,则公式(14),

$$\frac{P}{Y} = \frac{(1-b)}{12\ (1-k)} \left[\frac{(1+r)\ (1+i)^n - (1+r)^{n+1}}{(i-r)\ (1+r)^n} \right]$$

---

① 中国人民银行货币政策司:"金融机构基准利率"中国人民银行网站,http://www.pbc.gov.cn/publish/zhengcehuobisi/631/index.html。

变为 $\frac{P}{Y} = \frac{(1-b)_n}{(1-k)}$

可得，$\frac{P}{Y} = 8.57$。

对比上述两种计算房价收入比临界值方法的结果，考虑到统计数据未包含的隐性收入等因素，取 9 为北京住宅泡沫水平临界值。

2. 公式选择和人均住宅建筑面积的数据说明

当前统计数据中缺少 20 世纪 90 年代的商品住宅销售套数的数据，我们以公式（10）来计算，即：

房价收入比 = 商品住宅平均单套价格/城镇家庭平均可支配年收入

= （商品住宅平均销售价格 × 人均建筑住宅建筑面积）

/城镇家庭人均可支配收入　　　　　　　（10）

我们可以获得 1987—2015 年商品住宅平均销售价格和城镇家庭人均可支配收入数据，但是只能获得 2002 年后的城镇居民人均住房建筑面积的数据。考虑到 2002 年之前城镇居民人均住房使用面积只比镇居民人均住房建筑面积小 1 米，以及 2001 之前北京城镇居民人均住房面积较小、使用效率较高等因素，我们在 2001 年以前北京城镇居民人均住房面积基础上统一加上 1 米，作为 1987—2015 年北京市城镇住房人均住房建筑面积。

(二) 1987—2015 年北京市城镇住宅市场泡沫水平变动

北京市住宅市场化是从 1986 年开始的,但我们只能获得 1987 年之后的北京住宅市场价格数据,因此本文对北京住宅市场泡沫水平的测算是从 1987 年开始的。1987—1998 年间,北京市住宅市场上住宅主要卖给单位和外资企业的职工以及收入较高的人群,个人购买者占市场需求的比例很小。即使到 1998 年,北京的个人买房仅占商品房市场的 16%—20%,占全部住房需求的 5%。① 而卖给单位一般都是单位购买后,再由单位按照较低的价格卖给个人,或者由单位分配给个人使用。也就是说,1987—1998 年的北京普通城镇居民并不是商品房对应的需求人群,尽管他们的人均建筑面积处于很低的水平,但因为商品房的价格远高于单位公房,北京普通城镇居民并不愿意购买商品房。从 1987 到 1998 年,只有收入较高的明星、官员、企业经理、外资企业的职工等才是商品房对应的购买人群。体制内人员对单位分配的住宅不满意可能购买商品房,非体制内人员只能从商品房市场上获得住房。我们一方面无法获得非体制内人员的收入数据等资料,也无法获得体制内人员的隐形收入数据资料;另一方面考虑到用隐形收入购买商品房的法律风险

---

① 张杰、李力:《十年局变》,《北京住房发展问题剖析》,载《北京规划建设》2009 年第 5 期。

和 20 世纪 80—90 年代明星数量较少，笔者认为相对于外资企业职工，上述群体购买数量较小，并非北京商品房购买的主体。民营企业员工收入较低，也不是商品房对应的购买人群。考虑到这一时期商品房对应的购买人群以及数据的可获得性，计算这一阶段住宅市场的房价收入比，本文以非体制内的外资企业的本国国籍职工家庭平均收入为标准来计算。1987—1998 年，外资企业的本国国籍职工的工资可以从相关资料整理获得。[①] 1987—1998 年，外资企业的职工一般会选择一个国企单位职工为结婚对象，这样双方组成的家庭既有较高的收入，又可以享受体制内人员的优越性。[②] 我们以全市年平均工资收入代表外资企业职工婚姻对象的年平均收入，我们之所以这样假定，是因为一方面没有与此相关的统计数据，另一方面，是因为我们认为这是外资企业婚姻对象收入的最低可能。1987—1998 北京的城镇家庭平均人口 3.03—3.35 之间[③]，考虑到 1987—1998 年外资企业的本国国籍职工年龄因素，我们以 3 为外资企业职工家庭平均人口。根据外资企业的本国国籍职工收入、外资企业职工婚姻对象的年平均工资收入、外资企业职工家庭人数三者，我们可以获得外资企业职工家庭的人均可支配收入。1999 年之

---

① 郑力子：《北京外商投资企业最新薪酬调查》，载《中国外资》2000 年第 5 期；《中国统计年鉴（2013）》。
② 一平：《推动外资伙伴解决职工住房》，载《北京支部生活》1994 年第 5 期。
③ 数据来源于北京统计信息网。

后,住宅福利分配制度的取消,我们以城镇居民家庭平均可支配收入作为收入的衡量标准。这样,根据公式(10),计算得到 1987—2015 北京市城镇住宅市场的房价收入比与泡沫水平。可见,1987—2015 年北京住宅市场泡沫水平的基本趋势是一直在上升。

表 5-1　1987-2015 年北京市住宅市场的泡沫水平

年度	住宅泡沫水平	年度	住宅泡沫水平	年度	住宅泡沫水平
1987	-2.53	1997	-2.55	2007	4.890
1988	-4.22	1998	-3.55	2008	3.673
1989	-2.33	1999	-0.20	2009	4.695
1990	-5.89	2000	-1.471	2010	8.073
1991	-6.06	2001	-1.415	2011	4.856
1992	-5.89	2002	-2.112	2012	4.281
1993	-5.11	2003	-2.674	2013	4.864
1994	-4.79	2004	-2.477	2014	4.288
1995	-4.48	2005	-1.310	2015	6.386
1996	-3.75	2006	1.255		

注:根据北京统计信息网,中经网统计数据库,北京房地产统计年鉴(1988-1991)数据计算。

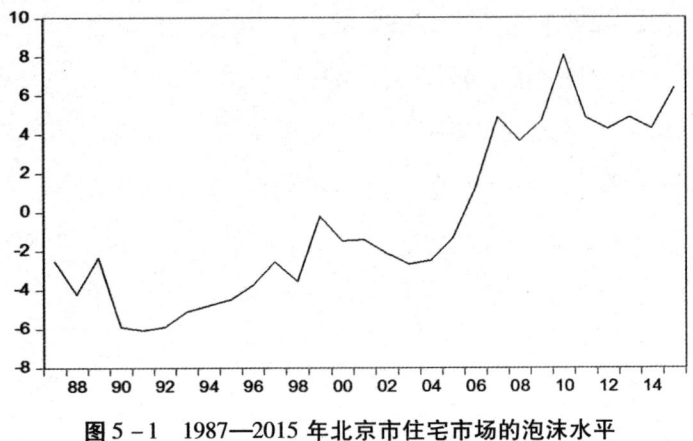

图 5-1 1987—2015 年北京市住宅市场的泡沫水平

(三) 北京市城镇住宅市场泡沫水平变动原因的历史透视 (1987—2015)

第二章,我们梳理了住宅泡沫的共性成因。在第四章,我们通过对北京住宅市场发展的历史回顾,基于住宅价格、销售面积、销售额等年均数据,把北京市城镇住宅市场的发展分为四个阶段。本章第三部分我们将基于住宅泡沫共性成因的理论和北京市住宅市场四个发展阶段的划分,从历史视角分别对四个发展阶段的住宅市场泡沫影响因素进行理论分析。

1. 北京市住宅市场泡沫水平的历史透视 (1987—1998)

从表 5-1 可以看到,这一时期北京市的住宅市场泡沫水平一直处于负值,最小达到 -6.06,最大也只是 -2.33。之所以如此,是因为这一时期,北京普通城镇居民收入较低,一般寄希望于单位福利分房,对住宅市场的商品房不敢问津。住宅市场的销量很小,尽管价格在不断攀升,由于普通城镇居民对住房改革的发展趋势等尚存疑问,潜在投资者对住宅的市场化取向并无一致认可,预期住宅价格不断上升而投资者尚属凤毛麟角。本阶段对于北京住宅市场的金融支持主要用于住宅投资建设,对于住宅销售的金融支持虽然在公积金贷款后有所增加,但由于北京城镇居民对于福利性分房的依赖心理等原因,住宅销售的金融支持总额较少,因此年均住宅竣工面积远大于住宅销售面积,出现库存增多的现象,这在一定程度上抑制了住宅市场的泡沫;1987—1998年城镇住房的改革过程中,国家对于住宅的市场化发展之路越来越清晰,直至1998年提出住宅市场化的思路。但在这一改革过程中,因为商品房的价格远高于单位公房,普通城镇居民仍主要依赖单位解决住房问题,北京的住宅市场毕竟处于萌芽阶段。这一阶段,国家对于住宅市场的制度支持主要体现在以下三点:第一,不断明晰的市场化方向选择;第二,对于住宅投资的金融支持;第三,对于住宅消费的金融支持主要以1992年的公积金贷款政策为代表。对于住宅投资的金融支持大于以公积金政策为主的对于住宅消费的金融支持。因此,这一阶段国家对于住宅发展的政策支持力度有限,对于北京住宅市场的泡沫影响较小。

2. 北京市城镇住宅市场初步发展阶段(1999—2004)

从表5-1可见,这一阶段北京市住宅房价收入比小于临界值9，泡沫水平基本在0和-3之间，属于没有泡沫的区间。

（1）预期因素并没有影响本阶段的住宅泡沫水平

从北京住宅价格来看，这一时期的房价最高为1999年的4787，最低为2003年的4456，其余年份在4456和4787之间。在1999和2004年之间，房价降升呈现不规则态势，降幅和升幅都较小，均在7%之下。因此，我们认为，这一时期大多数购房者仍然停留在长期单位分房形成的价格预期中，认为房价不会涨，而这一时期房价变化也支持了购房者的这一预期，因此这一时期的北京市住宅市场上的投资或投机者数量不多，投机的气氛尚未形成。预期对这一时期北京市住宅市场泡沫水平基本上不具有影响。

表5-2　1999—2004年北京市商品住宅价格的增加率

年度	房价（元/平方米）	年增加率（%）	年度	房价（元/平方米）	年增加率（%）
1999	4787	-1	2002	4467	-5
2000	4557	-5	2003	4456	0
2001	4716	3	2004	4747	1

注：根据中国统计年鉴数据整理。

（2）充足的供给有助于降低本阶段的住宅市场泡沫水平

这一时期北京市住宅市场投资完成额呈现逐年递增态势，从1998年168.98亿元递增到2004年的775.99亿元。年均增长达到30%。与此相适应,能够代表供给的房屋竣工面积从1999年的908.26万平方米增加到2004年的2343.95万平方米,年均增长22%。能够代表有效需求的住宅销售面积从1999年的484.71万平方米增加到2004年的2285.82万平方米,年均增长39%;呈现供销两旺的局面,竣工面积在所有年度都大于销售面积,除2004年外,在几乎所有年度都大于销售面积200万—424万平方米,足够的住宅库存使得住宅价格难以上升。因此,这一时期的供给大于需求,供给充足是房价收入比较低的原因。

表5-3 1999—2004年北京市住宅市场供需方面对比

年代	投资(亿元)	年度增速(%)	销售面积(万平方米)	年度增速(%)	竣工面积(万平方米)	年度增速(%)
1999	236.56	41	484.71		908.26	
2000	288.26	22	898.22	85	1013.66	12
2001	464.22	61	1127.5	26	1393.43	37
2002	586.74	26	1604.42	42	1926.17	38
2003	632.97	8	1771.05	10	2080.75	8
2004	775.99	23	2285.82	29	2343.95	13

注:根据中经网统计数据库数据整理。

(3)金融支持并没有影响本阶段的住宅市场的泡沫水平

我国房地产开发企业总的实际到位资金中70%来源于银行贷款。房地产开发资金中除国内贷款、利用外资和自筹资金外,其他资金主要由定金、预付款和按揭贷款组成,主要来源于银行信贷系统。考虑到数据的可获得性,我们以房地产开发实际到位资金代表金融对住房供给方的信贷支持,以其他资金代表金融对买房者的信贷支持。从表5-4可以看出,房地产开发企业总的到位资金一直呈现增长态势,从526.18亿元增加到2403.16亿元,年平均增速为36%;从下表可以看到,其他资金从1999年的208.56亿元增加到2004年的1370.13亿元,年均增速为47%。尤其是2004年房地产开发企业从银行信贷途径获得的国内贷款减少时,其他资金数额从870亿元增加到1370亿元,保证了开发商的资金需求。可以认为,金融支持保证了这一时期北京市住宅市场供销两旺的局面,考虑到北京市上一时期(1987—1998)较多的住宅库存,本文认为,金融对于需求的支持大于对供给的支持,保证了供销两旺的局面,并没有影响这一时期北京市住宅市场泡沫水平。

表5-4 1999—2004年金融对北京住宅供需方面支持对比

年度	总的实际到位资金(亿元)	总的实际到位资金年增速(%)	国内贷款实际到位资金(亿元)	国内贷款实际到位资金年增速(%)	其他资金累计(亿元)	其他资金实际到位累计年增速(%)
1999	526.18		165.22		208.56	
2000	781.15	48	238.82	45	373.72	79
2001	1151.47	47	340.3	42	566.17	51
2002	1368.43	19	382.77	12	680.83	20
2003	1871.39	37	586.86	53	875.47	29
2004	2403.16	28	549.96	-6	1370.13	57

注:根据中经网数据整理。

(4) 房地产发展的监管和调控政策未刺激本阶段住宅泡沫生成

这一时期的房地产政策最主要的是 1998 年国务院《关于进一步深化城镇住房制度改革加快住房建设的通知》。这一文件的执行中止了单位的福利分房，打开了北京城镇住宅市场化、商品化、社会化道路的大门。2003 年 8 月国务院发布《国务院关于促进房地产市场持续健康发展的通知》，指出房地产业已经成为国民经济的支柱产业。这两个文件奠定了这一阶段我国住宅产业监管和发展的主旋律，这一时期我国对于住宅市场的政策主要目的是支持住宅产业的发展。

其他政策还包括个人住房信贷、房地产开发企业银行贷款、土地出让等方面。个人住房贷款政策方面，1998 年 5 月 9 日中国人民银行出台《个人住房贷款管理办法》，管理办法指出，贷款首付比例为 30%，贷款期限最长为 20 年，按揭贷款利率在基准利率基础上下浮。① 1998 年 7 月 3 日的《国务院关于进一步深化城镇住房制度改革加快住房建设的通知》又要求扩大个人住房贷款的发放范围，所有商业银行在所有城镇均可发放个人住房贷款。取消对个人住房贷款的规模限制，适当放宽个人住房贷款的贷款期限。可见，从这一历史阶段起，我国住房按揭贷款的金融支持走上了快车道。

---

① 《个人住房贷款管理办法》，中国人民银行网站，http://www.pbc.gov.cn/publish/zhengwugongkai/502/1821/18213/18213_.html。

这一阶段国家不断下调利率支持个人住房按揭的发放。2002年2月21日，公积金贷款利率下调，5年以下（含5年）由4.14%下调为3.6%，5年以上由4.59%下调为4.05%。2002年2月22日，央行降低金融机构人民币存贷款利率，个人住房商业贷款利率下降0.54%，5年期以内由5.31%降为4.77%，5年以上由5.58%降为5.04%。2004年10月29日央行决定，从该日起金融机构将5年以下个人住房贷款利率调整为4.95%，5年以上5.31%。这是9年来首次加息。从个人住房贷款政策来看，住房公积金贷款利率下降一次。个人住房商业贷款利率调整两次，一次是下降，一次上升。从本期公积金贷款利率和个人住宅商业货款利率的总体调整幅度来看，较为有限，尽管起了支持住宅市场发展的作用，但刺激作用有限。

2003年6月5日，央行颁布《关于进一步加强房地产信贷业务管理的通知》，规定开发企业申请银行贷款自有资金应不低于开发项目总投资的30%，商业银行只能对购买主体结构已经封顶住房的个人发放个人住房贷款。

经营性土地完全实施招拍挂。2004年3月30日，国土资源部、监察部联合下发《关于继续开展经营性土地使用权招标拍卖挂牌出让情况执法监察工作的通知》，即"71号令"，规定8月31日后，不得再以历史遗留问题为由采用协议方式出让经营性土地使用权，国有土地使用权要以公开的招标、拍卖、挂牌出让方式进行。"71号令"使协议出让土地方式从此退出市场，招拍挂方式完全取而代之。这一政策的实施显然会提高住宅用地的价格水平,从而提高以后的住宅价格水平,但由于房地产生产周期长,这种房地产生产成本的增加不会对 2004 年 12 月之前的北京住宅价格起到什么作用,不会增加这一阶段北京市住宅市场的泡沫水平。

综上所述,从这一时期的国家对房地产监管和调控的政策来看,主要是支持和规范住宅市场的发展,但由于大多数潜在的投资者还没有形成房价上涨的预期,再加上此时北京住宅供给量充足,并未刺激北京市住宅市场泡沫的生成。

3. 北京市城镇住宅市场大发展时期（2005—2010）

2005—2010 年是北京市住宅市场价格上升速度最快的六年,在这六年中,北京市住宅市场均价从 6162 元/平方米上涨到 17151 元/平方米。从表 5-1 可见,这一时期北京市房价收入比从 7.69 到 17.07,泡沫水平从无到有,最低为 2005 年的 -1.31,最高为 2010 年的 8.07,呈单调上升趋势。

（1）预期因素推升了本阶段住宅市场泡沫水平

从表 5-5 可见,这一时期北京住宅年均增长率达到 24.42%。2005 年 1 月至 2008 年 7 月,房价年增长率更是达到 31.35%,北京市住宅价格的快速和连续上涨,已经使买房者在这一段时间建立了适应性预期,因此投资或投机资本在这一时期已经开始大量进入北京住宅产业,预期应该是这一时期北京市住宅房价收入比和泡沫水平上升的因素。2008 年三季度后,金融危机波及全球,我国经济增长速度明显下降,北京房价上升速度下降为9.3%,购房者对北京住宅价格上升的预期也相应下降。因此,2008年房价收入比和房价的泡沫程度均较2007年有所下降。2008年9月后,在我国政府对于房地产的刺激政策下,北京住宅价格迅速恢复本时期第一阶段的升速,投资者对房价的预期再次上升,投资和投机资本再次涌入北京住宅产业,这助涨了2009—2010年北京市住宅房价收入比和北京市住宅泡沫程度的上升,随之带来抑制性房地产调控政策的出台,一定程度降低了投资者的预期,然而未能阻止这一时期北京市住宅泡沫程度升至历史最高点。总体来看,这一时期,与不断上涨的房价对应的预期助推了住宅泡沫。

表5-5 2005—2010年北京市商品住宅价格

年代	房价（元/平方米）	房价年增长率（%）	年代	房价（元/平方米）	房价年增长率（%）
2005	6162	29.8	2008	11648	9.3
2006	7375	19.7	2009	13224	13.5
2007	10661	44.6	2010	17151	29.7

注：根据中国统计年鉴数据整理。

（2）供给与需求失衡助涨了本阶段的泡沫水平

表5-6可见,本阶段北京市竣工面积总和与销售面积总和比较接近。除了金融危机发生的2008年和北京实施限购的2010年,销售面积较竣工面积分别少297万平方米和367.87万平方

米。其余年份均较为接近，2006年和2009年，销售面积均大于当年竣工面积，2009年销售面积甚至比竣工面积多267.22万平方米。销售面积年增长率为-2%，竣工面积年增长率为-6%。我们以竣工面积代表供给，销售面积代表有效需求，可见这一时期销售面积下降的主要原因是供给减少的速度加快，库存下降太快，没有提供足够住宅数量。因而，北京市住宅供给面积较少、有效需求旺盛应该是这一时期房价上涨和北京住宅泡沫上升的原因。

表5-6 2005—2010年北京市住宅市场供需两方对比

年度	销售面积（万平方米）	销售面积年增长率（%）	竣工面积（万平方米）	竣工面积年增长率（%）
2005	2823.66	23.5	2841.42	-21.2
2006	2205.03	-21.9	2193.32	-22.8
2007	1731.48	-21.5	1853.95	-15.4
2008	1031.43	-40.4	1399.3	-24.5
2009	1880.45	82.3	1613.23	-15.3
2010	1201.39	-36	1498.48	-7

注：根据中经网统计数据库数据整理。

(3) 金融支持助涨了本阶段的泡沫水平

从表5-7可以看到，2005年—2010年北京市房地产开发企业实际到位资金从3101.929亿元增加到5790.61亿元，年均增长率为20%；其他资金从1782.30亿元增加到2574.66亿元，年均增长17%。除发生金融危机的2008年两者数额均下降外，其余年份均为增长,其他资金几乎相当于房地产开发企业实际到位资金总和的一半。

我们以房地产开发实际到位资金代表金融对供给方的支持,以其他资金代表金融对买房者的支持。考虑到2005—2010年房地产开发企业实际竣工面积一直在下降,我们认为,除了2008年其他资金的减少代表金融对购房需求支持减少,降低了2008年房地产泡沫水平,在本阶段的其余年份,金融支持助涨了这一时期的房价和房地产泡沫,是这一时期北京住宅泡沫上涨的原因之一。

表5-7 本阶段金融对于住宅市场供需两方的支持对比

	实际到位资金（亿元）	实际到位资金年增长率（%）	其他资金（亿元）	其他资金年增长率（%）
2005	3101.92	29	1782.30	30
2006	3165.47	2	1730.45	-3
2007	4154.49	31	2183.50	26
2008	3321.80	-20	1461.77	-33
2009	6129.77	85	2705.39	85
2010	5790.61	-6	2574.66	-5

注：根据中经网统计数据整理。

(4) 房地产发展的监管和调控政策助涨了住宅泡沫

2005—2010年,我国政府对房地产的调控可以分为两个不同的阶段。2005年1月至2008年8月是第一阶段,这一阶段我国经济过热,房价不断上涨,我国政府在这一阶段采取严格个人住房按揭信贷条件、提高个人住房贷款利率、严格住宅交易税收监管和提高税率等房地产调控政策来抑制日益上涨的房价。2008年9月至2010年12月是第二阶段,这一阶段,我国对房地产发展采取了先鼓励后抑制的调控政策。第二阶段又可分为两个分阶段,2008年9月至2009年12月是第一分阶段。这一分阶段,受金融危机影响,我国经济增长速度明显下降,我国政府采取了鼓励房地产投资和发展的税收、信贷政策。2009年12月至2010年12月是第二分阶段。这一阶段,由于上一阶段的鼓励房地产投资和发展政策,我国房地产业发展过热,房价又出现一轮高速上涨,我国采取了抑制房地产发展的政策,北京开始实行限售令。

第一阶段我国对住宅产业的发展主要采取抑制性的调控措施,表现为以下三个方面。

首先是提高住房按揭贷款利率和首付比例,表现在两个方面:第一,提高个人买房的按揭贷款利率和首付比例。2005年3月17日央行第一次将5年以上住房商业贷款利率下限由原来的5.31%提高到5.51%;对房价上涨过快的城市或地区,个人住房贷款最低首付款比例可由20%提高到30%。其后,面对我国经济过热和房地产价格不断上涨,我国政府不断提高利率,个人住房按揭贷款利率也相应提高。2006年4月,央行全面上调各档次贷款利率0.27个百分点,8月再次全面上调。2007年3至12月,连续六次提高存贷款利率,基准利率调整至7.83%,利率下限调整至6.66%,个人住房按揭贷款利率也相应提高，个人住房公积金存款基准利率已经调整至 5.22%。第二，面对在住宅市场上不断增加的投资或投机行为，央行首次明确规定对个人购买二套房贷款，适用不同贷款利率和首付比例。目的是支持个人住宅市场刚需，抑制个人在住宅市场可能的投资或投机需求。2007 年 9 月 27 日，央行发布的《中国银行业监督管理委员会关于加强商业性房地产信贷管理的通知》中规定，对购买首套自住房且套型建筑面积在 90 平方米以下的，贷款首付款比例不得低于 20%；对已利用贷款购买住房又申请购买第二套（含）以上住房的，贷款首付款比例不得低于 40%，贷款利率不得低于中国人民银行公布的同期同档次基准利率的 1.1 倍。

其次是加强房地产的税收调控和监管。第一是对普通二手住房交易市场上的免税年限由卖房者持有期二年提高到五年。第二是出台政策加强二手房买卖中的税额征收和监管，如 2005 年 10 月 11 日，国家税务总局发布了《关于实施房地产税收一体化管理若干具体问题的通知》，文件明确在办理二手房过户时，要做到各税统管，不能只负责征收契税，其他税种如营业税、城建税、教育费附加、个人所得税、土地增值税、印花税也要同时进行征收。尽管我国住房交易中存在阴阳合同和税收监管漏洞等问题，上述住宅产业税收调控政策的转变，未能获得政策规定的完全效力，但确实加大了投资房产的成本，有利于抑制房价的上涨。

最后是其他方面的房地产调控政策。第一，切实调整住房供应结构方面的管理。2006年5月29日,国务院办公厅出台《关于调整住房供应结构稳定住房价格的意见》,提出各城市凡新审批、新开工的商品住房建设,必须保障90平方米以下住房须占项目总面积七成以上,居住用地供应量七成用于中低价位中小套型的标准。第二,出台税收政策等打击这一时期房地产开发商的囤地延迟开发等行为。第三,限制外资投资房地产。2006年7月11日建设部出台"外资限炒令",12月1日起,外商投资房地产业限制范围进一步扩大。这些政策有助于抑制北京住房市场上泡沫水平和涉及范围。

然而,因为这一时期北京住宅价格的迅猛上涨,这些房地产调控政策并没有抑制住北京市住宅价格的上涨,房价在调控中上涨,泡沫水平不断增加。

第二阶段的第一分阶段是2008年9月至2009年12月。因为金融危机波及我国,我国房地产调控政策转向宽松,为了抵制金融危机带来的经济增长速度严重下降,2008年9月16日到12月23日央行百日内连续5次降息,个人住房按揭贷款利率可以是基准利率的0.7倍,同时下调了个人贷款首付比例,最低贷款比例调整为20%。商品房买卖宽免营业税的税收年限也由五年改为两年,同时免征房屋交易过程中的契税和印花税等。房地产开发项目的最低资本金比例由35%降为30%。这一分阶段实施的政策很快使北京市住宅价格上涨,泡沫剧升。

第二阶段的第二分阶段是2009年12月至2010年12月。这一分阶段,在前期的刺激政策下,我国宏观经济出现通货膨胀和经济过热，房价不断上涨、泡沫水平不断上升，我国政府采取抑制性的调控政策。

2009年12月，个人住房转让营业税征免时限由2年恢复到5年。2010年1月和10月，分别提高准备金率和利率。2010年9月，各商业银行暂停发放第三套及以上住房贷款；对非本地居民暂停发放购房贷款；对贷款购买商品住房，首付款比例调整到30%及以上；对贷款购买第二套住房的家庭，严格执行首付比例不低于50%、贷款利率不低于基准利率1.1倍的规定。暂定同一购房家庭只能在本市新购买一套商品住房。

最有效的政策是税收、个人住房按揭贷款方面的政策，这些调控政策基本上是这时期第一分阶段的房地产鼓励性调控政策的逆操作。税收宽免年限的限制以及金融政策的效力是立竿见影的，这些政策自然会收到应有的效力，然而面对北京不断上涨的住房价格，效力有限。

其他方面较为有效的政策还包含以下两项。2010年3月18日，国资委要求78家非地产主业央企15天出退出方案。国家要求少数房价上升速度过快的城市实行限售以抵制住宅产业的需求。2010年4月，北京市开始实行限售，不能提供1年以上本市纳税证明或社会保险缴纳证明的非本市居民，暂停发放购买住房贷款。这一时期的限售比起2011年的限售令而言，限售的范围和力度较小，对于抑制北京住宅市场泡沫而言，作用较为有限。

4. 北京市城镇住宅市场加强宏观调控时期（2011—2015）

这一时期，我国经济增长速度逐渐下滑，转向低增长阶段。相比较上一时期，北京市在这一段时期内房价变化不大，经历了先降后升的过程。从表5-1可见，这一时期北京住宅市场的泡沫水平在4.28—6.39之间，变化不大。

（1）预期因素对本阶段泡沫水平的影响不大

由表5-8可见，这一时期北京市住宅价格变化不大，最高为2015年的22300元/平方米，最低为2011年的15518元/平方米，除2011年住宅价格下跌9.5%，其余年份均为上涨。2015年上涨速度最大，为20.5%。2011年1月至2014年9月，伴随着我国经济增长速度下降，人们对房价的增长预期降低，考虑到2011年后北京二手房买卖的交易税费变化带来的交易成本增加，预期因素引起的投资或投机，对这一阶段北京市住宅泡沫水平的改变影响不大；2014年9月至2015年12月，房价上升速度加快，预期对这一时期泡沫水平影响不大。

表5-8　2011—2015年北京市商品住宅价格

年度	房价（元/平方米）	房价增长率（%）	年度	房价（元/平方米）	房价增长率（%）
2011	15518	9.5	2014	18499	3.6
2012	16553	6.7	2015	22300	20.5
2013	17854	7.9			

注：根据中国统计年鉴相关数据整理。

（2）供给与需求基本均衡有助于抑制本阶段的泡沫水平

从这一阶段北京住宅市场竣工面积与北京住宅市场销售面积的比较可以看出，除了2014年销售面积与竣工面积差距较大外，其余年份竣工面积与销售面积差距不大。总体而言，这一时期竣工面积和销售面积相差不大。我们以竣工面积代表供给，销售面积代表需求，这说明供给与需求基本均衡是这一时期房价增长不快、住宅泡沫水平改变不大的原因。

表5-9　2011-2012年北京市住宅市场供需对比

年度	销售面积（万平方米）	竣工面积（万平方米）	年度	销售面积（万平方米）	竣工面积（万平方米）
2011	1034.96	1316.13	2014	1136.53	1804.34
2012	1483.37	1522.72	2015	1126.84	1378.22
2013	1363.67	1692.04			

注：根据中经网统计数据库数据整理。

(3) 金融支持对本阶段的泡沫水平影响不大

从表5-10可以计算得出,房地产开发企业总的实际到位资金年均增长比率为5.4%,而房地产开发企业实际到位资金中其他资金的年均增长率为4.5%。我们以总的实际到位资金代表金融对北京住宅供给方面的支持,以其他资金代表金融对北京住宅的需求的支持,说明金融对供给方面的支持与对需求方面的支持基本相当,那么可以得出这样的结论,2011—2015年度,金融支持因素对北京住宅市场的泡沫水平影响不大。

表5-10 本阶段金融对于住宅市场供需双方的支持对比

年度	实际到位资金小计(亿元)	实际到位资金小计年增长率(%)	其他资金小计(亿元)	其他资金小计年增长率(%)
2011	5358.09	-7.5	2441.36	-5.2
2012	6084.55	13.6	2983.68	22.2
2013	7300.18	20	3313.4	11.1
2014	6622.01	-9.3	2640.8	-20.3
2015	7282.11	10	3282.19	14.7

注:根据中经网统计数据库数据整理。

(4) 房地产发展的监管和调控政策降低了本阶段的住宅市场泡沫

本时期房地产监管和调控政策的基调是从严,但是仍然可以根据严厉程度分为两个阶段。第一阶段是2011年1月到2014年9月;第二阶段是2014年9月到2015年12月。

第一阶段严厉的调控政策表现在以下几个方面。首先，从紧的金融政策和从严的税收监管政策抑制了住宅市场泡沫水平的上升。在这期间，我国出现通货膨胀和经济过热，政府六次上调准备金率、三次下调；四次提高利率，两次降低。与2011年初相比，2014年第三季度的准备金率提高了1.5%；与2011年初相比，2014年第三季度的贷款基准利率提高了0.29%。而二套房的首付由50%提高到60%。可见这一时期的货币政策和住房贷款政策以紧为主。2011年国八条的实施，在一定程度上严格了税收的征管，减少了税收监管的漏洞。其次，愈来愈严格的限购令的实施，减少了投资或投机的机会。这一时期，最重要的政策是限购令。2011年2月25日，北京新的限购令公布，较2010版限购令更为严格，减少了住宅市场投资或投机的机会。2011年的限售令要求，对已拥有1套住房的本市户籍居民家庭，在本市没有住房且连续5年以上在本市缴纳社会保险或个人所得税的非本市户籍居民家庭，限购1套住房；对已拥有2套及以上住房的本市户籍居民家庭，拥有1套及以上住房的非本市户籍居民家庭，无法提供本市有效暂住证和连续5年（含）以上在本市缴纳社会保险或个人所得税缴纳证明的非本市户籍居民家庭，暂停在本市向其售房。北京市规定，2013年3月31日起，本地单身人士限购1套住房。

第二阶段，2012年后我国经济增长速度不断下滑，从2012年的7.7%降到2014年的7.3%。为了摆脱这种这种低增长局面，我国政府2014年9月开始有限度地刺激房地产经济增长。

刺激政策表现在降低二套房的首付比例和贷款利率。2014年9月30日，央行出台房贷新政，主要内容包括：对拥有1套住房并已结清相应购房贷款的家庭，贷款购买第二套住房时，可按照首套房贷政策执行。2015年我国政府五次降低贷款利率。2015年3月20日，北京市规定，对拥有1套住房且相应购房贷款未结清的居民家庭，为改善居住条件再次申请商业性个人住房贷款购买普通自住房，最低首付款比例调整为不低于40%，具体首付款比例和利率水平由银行业金融机构根据借款人的信用状况和还款能力等合理确定。但是由于北京仍然实行本期第一阶段严格的限售政策，同时进一步加强了二手房交易的税收监管，抑制了二手房交易中的阴阳合同，因此第二阶段北京的房地产调控政策只是在严厉基调上有所松动而已。

综上所述，本时期北京市房地产宏观调控的基调是强化，同时，中共十八大后，党中央上不封顶、高强度的反腐和不动产登记条例的即将实施、房产税的即将出台的预期，强化了购房者投资或投机买房的风险意识。因此，这一时期，中央政府和北京市政府对房地产的调控措施有利于房地产泡沫程度的下降。

（四）本章小结

从北京市住宅泡沫水平演变的轨迹来看，1998年国家对房地产发展政策的重大改变，开启了北京住宅商品化、市场化、社会化的大门，对个人购房贷款的前所未有的信贷支持，不仅使北京市民享受的人均住宅建筑面积从 1998 年 15.96 平方米提高到 2015 年的 31.69 平方米①，同时也打开了北京市住宅市场泡沫化的潘多拉盒子。制度既是北京住宅产业市场化的基础，也是北京住宅市场泡沫产生、发展、变化的基础。1987—2015 年间，我国不同时期不同的城镇居民住宅分配政策和国家对房地产的发展、监管、调控政策提供了不同的制度背景，在这个背景下供求因素、预期因素、信贷因素共同发挥作用，北京市住宅市场泡沫经历了从无到有、由小到大的过程。当政府支持房地产业发展的时候，北京市场住宅产业就会顺利发展（1998—2004）；当政府加强房地产业的调控政策的时候（2011—2015），北京市住宅产业的泡沫就会受到限制。当政府需要加快房地产业的发展，执行刺激性的调控政策的时候（2009—2012），北京市住宅产业的泡沫就会急剧上升，从 2008 年 3.673 上升到 2010 年的 8.073。当政府对房地产业的监管、调控政策发挥调控效力的时候，住宅泡沫水平按照政府意愿发展（2011—2015）；当政府调控措施不得力时，住宅市场泡沫水平就会上升（2005—2008）。

从 1998—2015 年北京市住宅市场泡沫水平的演变情况来看，2008 年和 2011 年为两个异常值。2011 年北京住宅市场泡沫水平从 2010 的 8.073 下降到 4.86。这种陡然的下跌显然是因

---

① 数据来源于北京统计年鉴。

为在我国经济过热和房地产过热的情况下，2010年后我国出台了越来越严格的抑制房地产的调控政策，以及2011年北京市限购令在2010年基础上逐渐完善和严格实施。2008年住宅市场泡沫水平从2007年的4.89下降到3.67，这是北京市住宅市场泡沫水平从2003年以来上涨过程中的第一个下跌，更是连续几年来泡沫快速上升中的一个陡然下跌，这显然是金融危机引起的。这说明了预期和国家对于房地产调控政策的重要性。其他阶段预期也显然起到了推波助澜的作用。

六 北京市住宅市场泡沫水平演变的实证分析（1999—2015）

在本文的第二章，我们对房地产泡沫共性影响因素的理论进行了梳理，构建了房地产泡沫共性影响因素的理论框架。我们认为预期、供求、金融支持、国家对发展房地产行业的监管和调控会影响房地产泡沫水平。房地产泡沫水平既可能因预期更好、供小于求、金融支持过度、国家对发展房地产行业的监管松弛和鼓励性的调控而增加；房地产泡沫水平也可能因预期较差、供大于求、金融支持较少、国家对发展房地产行业的监管严格和抑制性的调控而降低。基于房地产泡沫共性影响因素的理论，我们从历史视角透视分析了北京市住宅市场不同时期房地产泡沫水平的变动及其原因，不同时期各因素的影响效应不同。但是，一方面，理论分析只能进行定性的大致分析，不能进行定量分析，我们还需要通过实证检验进一步深入研究。另一方面，理论分析还需要经过实践的检验。因此，本章将对北京市 1999—2014 年住宅市场的泡沫水平进行实证研究,以确定不同因素对北京市住宅市场泡沫水平的影响作用和影响大小,以获得更有价值的结论。

(一) 变量的选取及其原因

在进行实证检验之前,我们首先要选取合适的变量进行实证检验,合适的变量的标准既和房地产泡沫影响因素理论分析相一致,又具有可操作性。选取不合适的变量一方面会使实证研究没有多大意义;另一方面因为和基本理论不一致,不符合基本房地产泡沫影响因素的内在机理,实证研究无法进行下去。

被解释变量(Y)。本文选择房价收入比为被解释变量。之所以选择房价收入比为被解释变量,一方面是因为这一变量能够代表房地产泡沫水平;另一方面因为如果以北京住宅的泡沫水平作为被解释变量,某一时期北京住宅的泡沫水平等于这一时期的房价收入比减去 9,有些时期北京市住宅市场的泡沫水平就会小于 0。这会影响我们对被解释变量的对数化,阻止我们对实证研究中出现变量之间的异方差和多重共线性的处理。

解释变量(X_1)。本文选择北京市住宅价格年度环比的百分比作为预期的代表变量。假定投机者为适应性预期,他们会根据北京市住宅价格的年度环比的百分比确定本季度北京市住宅价格的预期。至于群体心理、羊群效应、时尚、狂热等行为,因为在实证研究中难以进入计量分析,不进入研究。

解释变量（X_2）。本文选择北京市城镇常住人口作为人口变量的解释变量。之所以这样选择，是因为北京市城镇常住人口的多少在相当大程度上影响北京市住宅市场上住宅的需求，从而影响着北京市住宅价格的泡沫水平。沈悦、刘洪玉，石林梅、黄红梅、李玉梅等均把人口作为影响北京市价格的变量，实证检验结果均说明人口对房价和房价的上升有相当大的影响。

解释变量（X_3）。本文选择北京市人均GDP为代表收入的解释变量。之所以如此，是因为如果以城镇居民可支配收入等代表收入，必然因为解释变量的内生性问题及随机干扰项的异期相关，产生参数估计的有偏和非一致现象，以北京市人均GDP代表收入有助于解决这一问题。

解释变量（X_4）。我们以北京市房地产开发企业住宅投资完成额代表北京市住宅供给方面的变量。之所以如此，是因为我们认为北京市住宅市场泡沫水平必然与供给相关。

解释变量（X_5）。我们以北京市房地产开发企业住宅销售面积代表供给方面的变量。之所以如此，是因为我们认为北京市住宅销售面积代表有效需求的满足，代表供给因素。

解释变量（X_6）。我们以房地产开发企业实际到位资金中其他资金数额代表金融支持的变量，代表金融对房地产投资和房地产需求的支持。之所以这样选择，是因为以下三点原因：第一，我们无法通过统计资料获得我们认为能够代表一定时期内个人住房按揭贷款的金融支持的变量——北京市个人住房按揭贷款余额的季度数据，无法区分对房地产开发企业投资的支持和金融对个人住房按揭贷款的支持。第二，房地产开发企业实际到位资金中包括四种来源：国内贷款、自筹资金、外资以及上文叙及的其他资金。我们认为，国内贷款数额受国家对房地产开发的信贷支持政策影响，在我国巨量剩余资本寻找投资机会的情况下，我国房地产企业获得资金的途径和方法很多，国内贷款数额无法体现现时期对房地产开发的金融支持；利用外资数额同样受我国对外资投资限制政策和其他变量的影响，无法真正体现金融对房地产开发的支持；房地产开发企业实际到位资金中的自筹资金更不能体现金融对房地产开发的支持。况且，国内贷款、利用外资、自筹资金只能代表房地产开发企业的资金状况，不能体现金融对个人购房的支持。其他资金包含定金、预付款、个人按揭贷款，占房地产开发企业实际到位资金中的最大比重。既能体现金融对房地产开发的支持，也能体现金融对个人买房的支持，其波动受房地产调控政策因素的影响较小，体现金融对房地产业支持程度相对较高。基于以上三方面原因，本文以房地产开发中的其他资金数额代表金融对房地产业的支持。这与本文上一章以其他资金数额代表金融对房地产需求方即购房者的支持并不矛盾。在上一章以房地产企业实际到位资金来源总计代表金融对房地产供给方即房地产开发企业的支持，与之对比，自然可以其他资金数额代表金融对需求方的支持。

为了区分和对比，也为了检验本文在实证研究中以 X_6 代表金融对房地产的支持是否可行，本文还选取了其他变量，如房地产开发企业实际到位资金、房地产开发资金中除自筹资金外的所有资金、房地产开发资金中的外资与其他资金数额合计等作为金融对房地产业支持的备选的解释变量。

选取房地产开发企业实际到位资金来源总计作为备选变量，是因为房地产开发企业实际到位资金来源总计中70%以上来源于银行贷款[①]，我们认为它的变化有可能代表金融对房地产支持的变化。选取房地产开发资金中除自筹资金外的所有资金作为备选变量，原因在于除了自筹资金外，房地产开发实际到位资金中的其他种类来源均与金融体系支持有相当大的关系。选取外资加上其他资金数额作为备选变量，是因为国内贷款数额受国家对房地产开发的贷款政策调控影响较大，去除国内贷款及自筹资金后可能有助于更好地代表金融对房地产业的支持。

（二）数据的处理

所有数据均采用季度数据，除房价增长率（X_1）为比例数字外，其余均对数化处理。由于住宅投资完成额、住宅价格、销售面积、城镇从业人员平均工资、房地产开发资金中其他资金数额的季度数据均带有明显的季度特征，因此对这些数据均

---

① 黄静：《房价上涨与信贷扩张：基于金融加速器视角的实证分析》，载《中国软科学》2010年第10期。

进行季度调整。尽管1998年7月国务院下发《关于进一步深化城镇住房制度改革加快住房建设的通知》，要求停止住房的福利分配，但考虑到政策执行的滞后性和数据获得的局限性，我们选择1999年第四季度到2015年第三季度的数据序列进行实证研究。数据来源于中国统计年鉴、北京统计信息网、中经网统计数据库。

房价收入比（Y）数据的处理。某一季度的房价以该季度的北京市住宅销售额除以销售面积获得，然后利用 eviews 中的 census-12 进行季节调整。当前统计资料中只有人均可支配收入的年度数据，利用 eviews 进行频率转换为季度数据，最后根据房价收入比计算公式得到季度的房价收入比。

北京市住宅价格的环比增长率（X_1）的数据处理。对某一季度的北京市住宅销售额除以销售面积获得的某一季度的房价，即使经过季度平减，仍然存在很大波动，这主要是因为季度住宅销售价格变动受区域、户型组合等因素影响较大。假定理性的投机者不会因住宅区域、质量等差异造成价格扰动产生房价波动的误判，在他们眼中房价是平滑波动的。因此本文以1998—2015年北京市住宅价格为基础，利用 eviews 进行频率转换，把年度数据序列转化为季度数据序列，再利用 eviews 中的 census-12 进行季度调整。以这种方式取得的季度数据减少了季度波动，在这种季度数据基础上，某一季度购买者的预期，以计算获得该季度的上一季度住房价格的年度环比增长率来代表。

北京城镇常住人口（X_2）数字的处理。当前统计资料中只有1998年至2015年北京市年末城镇常住人口数据。以此为基础，利用eviews进行频率转换，把年度数据序列转化为季度数据序列，再利用eviews中的census-12进行季节调整获得。

北京市人均GDP（X_3）的处理。以当前统计资料中1998年至2015年人均GDP数字为基础，利用eviews进行频率转换，把年度数据序列转化为零度数据序列，再利用eviews中的Census-12进行季节调整获得。

北京市房地产开发企业住宅投资完成额（X_4）的数据处理。当前数据为一定年度逐月累计数字，计算获得北京市房地产开发企业住宅投资完成额季度数据后，利用eviews中的census-12季节调整获得。

北京市房地产开发企业住宅销售面积（X_5）的数据处理。当前数据为一定年度逐月累计数字，计算获得北京市房地产开发企业住宅销售面积季度数据后，利用eviews中的census-12进行季节调整获得。

房地产开发企业实际到位资金中其他资金数额（X_6）的数据处理。当前数据为一定年度逐月累计数字，计算获得房地产开发企业实际到位资金中其他资金季度数据后，利用eviews中的census-12季节调整获得。

本文还选取了房地产开发投资中实际到位资金来源总计、房地产开发资金中除自筹资金外的所有资金、外资+其他资金为代表金融支持的解释变量。这些变量的当前数据均为一定年度逐月累计数字，计算获得其季度数据后，利用 eviews 中的 census-12 季节调整获得。

（三）实证分析过程

在进行北京市房地产泡沫影响因素的实证研究前，为了防止变量之间的伪回归，先要对变量进行协整检验。因为采用的是单一方程，本文可以采用 EG 两步法检验变量之间是否存在协整关系。EG 两步法首先对所有变量进行单位根检验，如果变量的单位根相同，那么他们之间可能存在协整关系。其次，我们建立以房价收入比为因变量、其他变量为自变量的单一回归方程，即采用最小二乘法对变量进行回归分析，然后检验回归方程的残差。若残差是平稳的，则上述所有变量之间存在协整关系，我们建立的回归分析是有效的，不存在伪回归问题。

1. 变量之间的协整检验

（1）单位根检验

Y、X_2、X_3、X_4 的时间序列均带有趋势项，本文对 Y、X_2、X_3、X_4 采取的检验类型（C，T，N）；X_5、X_6 的均值不为零，本文对 X_5、X_6 采用的检验类型为（C，0，0）；X_1 不含趋势项、均值接近零，本文对 X_1 采用的检验类型为（0，0，0）。一阶差分后所有变量均为平稳序列，即为一阶单整。

表6-1 变量的ADF检验结果

变量	检验类型 (C, T, N)	ADF 检验值	临界值（置信水平） 1%	5%	10%	结果判断
LNY	(C, T, 0)	-1.885866	-4.121303	-3.487845	-3.172314	非平稳
DLNY	(0, 0, 0)	-7.910706	-2.605442	-1.946549	-1.613181	平稳
LNX_1	(0, 0, 0)	-0.948295	-2.612033	-1.947520	-1.612650	非平稳
$DLNX_1$	(0, 0, 0)	-1.843377	-2.612033	-1.947520	-1.612650	平稳
LNX_2	(C, T, 1)	-0.994365	-4.100935	-3.478305	-3.166788	非平稳
$DLNX_2$	(C, 0, 0)	-2.781651	3.531592	-2.905519	-2.590262	平稳
LNX_3	(C, T, 1)	-2.027392	-4.100935	-3.478305	-3.166788	非平稳
$DLNX_3$	(C, 0, 0)	-3.418556	-3.531592	-2.905519	-2.590262	平稳
LNX_4	(C, T, 1)	-3.51589	-4.13053	-3.49215	-3.17480	平稳
$DLNX_4$	(0, 0, 0)	-13.05126	-2.60691	-1.94676	-1.61306	平稳
LNX_5	(C, 0, 0)	-2.63578	-3.55040	-2.91355	-2.59452	非平稳
$DLNX_5$	(0, 0, 0)	-8.75524	-2.60691	-1.94676	-1.61306	平稳
LNX_6	(C, 0, 0)	-2.921834	-3.55040	-2.91355	-2.59452	非平稳
$DLNX_6$	(0, 0, 0)	-8.75524	-2.60691	-1.94676	-1.61306	平稳

D表示一阶差分，（C，T，N）表示检验类型：C表示截距项，T表示趋势项，N表示滞后阶数。具体滞后阶数由软件根据SIC准则自动确定。

(2) 回归分析

表6-2 回归分析结果

Variable	Coefficient	Std. Error	t - Statistic	Prob.
C	-12.31704	2.452506	-5.022225	0.0000
X_1	0.912993	0.142061	6.426778	0.0000
X_2	4.439063	0.750974	5.911072	0.0000
X_3 (2)	-1.555700	0.362197	-4.295177	0.0001
X_4 (-2)	-0.232561	0.084596	-2.749079	0.0083
X_5	-0.181514	0.066713	-2.720832	0.0090
X_6	0.288545	0.105013	2.747717	0.0084
Adjusted R - squared	0.905296	Durbin - Watson stat		1.335633
Prob (F - statistic)	0.000000			
Sample	2001Q3 - 2015Q2	Included observations: 56 After adjustments		

从回归分析结果来看，调整后 R^2、F 值均通过检验，各解释变量的 t 值均通过检验，X_1、X_2、X_3、X_4、X_5、X_6 的 t 值在 1% 的显著水平上通过检验，X_3、X_6 在 5% 的显著性水平上通过检验。$d_{L(1.334)}^{0.05}$ < DW$_{(1.335633)}$ < $d_{U(1.814)}^{0.05}$，不能确定是否存在自相关。

(3) 回归残差的平稳性检验

要证明是协整回归，还需检验回归方程残差的平稳性。检验结果为不存在单位根，平稳序列。因此我们建立的回归方程是有效的，不存在伪回归问题。

表6-3 残差的单位根检验结果

Null Hypothesis: RESID01 has a unit root			
Exogenous: None			
Lag Length: 0 (Automatic - based on SIC, maxlag = 10)			
		t - Statistic	Prob. *
Augmented Dickey - Fuller test statistic		-4.933120	0.0000
Test critical values:	1% level	-2.607686	
	5% level	-1.946878	
	10% level	-1.612999	
* MacKinnon (1996) one - sided p - values.			

(4) 回归分析结果的分析

从表6-2可以看到，回归方程如下：

$Y = -12.3170383192 + 0.912993012877 * X_1 + 4.43906335621 * X_2 - 1.55570006156 * X_3 (2) - 0.232560925967 * X_4 (-2) - 0.181514245728 * X_5 + 0.28854544182 * X_6$

因为代表预期的房价增长率数据为上一年度的房价增长率，实证研究中，只有X_3超前两期和X_4滞后两期时其余变量才在1%显著水平下显著。故回归方程显示的时间序列为2001年第三季度至2015年第二季度。

房地产开发企业住宅投资完成额越接近现在时期房地产开发的成本越高，同等的资金能够完成的住宅竣工面积越来越少，而其系数-0.232560925967并没有区分房地产开发成本的增加和竣工面积的增加。因而打算增加代表住宅用地价格的变量，以其代表住宅建设中单位成本的增加,但统计资料中没有1999—2015年时期年度或季度的住宅用地价格数据,只有一定年度下列项目的逐月累计数据——房地产开发企业土地成交价款、房地产开发企业土地购置面积、房地产开发企业投资完成额、房地产开发企业投资完成额中土地购置费。可以依据以上四项数据获得三项数据:房地产开发企业土地单价、房地产开发企业土地购置费、土地购置费占房地产开发企业投资完成额比例的季度调整数据。经检验仅第三项数据一阶单整,因此本文打算以房地产开发企业投资完成额中土地购置费所占比重(X_7)代表住宅用地价格。与前叙其他解释变量一起,进行回归分析,看回归分析结果是否有改善。

2. 加入 X_7 之后的协整检验

在加入地价因素进行新的回归分析之前,必须对变量之间进行协整检验,以防止变量之间的伪回归问题。因为是单一方程,仍然采用 EG 两步法进行协整检验。

(1) 对土地购置费比重的单位根检验结果

表6-4 X7 的 ADF 单位根检验结果

变量	检验类型 (C, T, N)	ADF 检验值	临界值(置信水平)			结果判断
			1%	5%	10%	
LNX_7	(C, T, 0)	-4.199922	-4.130526	-3.492149	-3.174802	平稳
$DLNX_7$	(0, 0, 0)	-7.077141	-2.606911	-1.947248	-1.612797	平稳

D 表示一阶差分，(C，T，N) 表示检验类型：C 表示截距项，T 表示趋势项，N 表示滞后阶数，具体阶数由软件根据 SIC 准则自动确定。

(2) 回归分析

表6-5　回归分析结果

Variable	Coefficient	Std. Error	t – Statistic	Prob.
C	-10.28558	2.970800	-3.462225	0.0012
X_1	0.955254	0.149951	6.370459	0.0000
X_2	4.348932	1.028681	4.227680	0.0001
$X_3(2)$	-1.739884	0.461128	-3.773106	0.0005
X_4	-0.220662	0.098322	-2.244291	0.0300
X_5	-0.177665	0.070132	-2.533283	0.0150
X_6	0.359368	0.118820	3.024482	0.0042
X_7	0.510738	0.219321	2.328727	0.0246
Adjusted R – squared	0.892001	Durbin – Watson stat		1.715890
F – statistic	59.99505	Sample：		2002Q4 2015Q2
Prob(F – statistic)	0.000000	Included observations：51 After adjustments		

从回归分析结果来看，调整后 R^2 和 F 值均通过检验，各变量均在5%的显著水平通过检验，$d_{U(1.692)}^{0.01}$ < DW(1.716) < 4 - $d_{U(1.692)}^{0.01}$，确定不存在自相关。

(3) 残差的平稳性检验

以 ET 代表根据协整回归残差的得到的残差序列，对其进行平稳性检验。经检验，ET 平稳序列，不存在单位根。即我们建立的上述回归分析模型不存在伪回归问题，是有效的。

表 6-6 残差的单位根检验

Null Hypothesis: RESID05 has a unit root				
Exogenous: None				
Lag Length: 0 (Automatic - based on SIC, maxlag = 10)				
			t - Statistic	Prob. *
Augmented Dickey - Fuller test statistic			-5.098019	0.0000
Test critical values:	1% level		-2.612033	
	5% level		-1.947520	
	10% level		-1.612650	
* MacKinnon (1996) one - sided p - values.				

(4) 回归模型的检验与说明

从表 6-5 可见，建立的回归方程如下：

$Y = -10.2855784518 + 0.955254355064 * X_1 + 4.34893156808 * X_2 - 1.73988409509 * X_3(2) - 0.220662152375 * X_4 - 0.177665098709 * X_5 + 0.359367746211 * X_6 + 0.510738300863 * X_7$

回归模型中，我们发现代表土地价格变量 X_7 在 5% 的置信度下通过检验，同时土地价格的变量加入后 DW 值增加，其他资金显著性提高，其他影响因素也都在 5% 的置信度下通过检验，表明这种函数形式通过检验，地价因素确实对北京住宅泡沫指数造成了一定的影响。与前一个回归系数对比，估计结果也变化不大，说明我们的分析结果是非常稳健的。同时考虑到加入地价变量的回归是从 2002 年第四季度开始的，与前一回归方程的时间间隔只有四个季度,我们认为,加入地价后的各解释变量能够从长期趋势的角度,反映1999—2015年北京市住宅市场上泡沫的影响因素,各解释变量的回归系数能够反映北京市1999—2015年住宅市场上泡沫水平的影响作用大小。

(四) 协整回归的结论分析

从协整回归的分析结果可以看出,X_1的系数为0.955254355064,这说明当北京市住宅市场价格年度环比较上一季度上涨1%,北京市本季度房地产泡沫水平增加1%左右;X_2的系数为4.348931568082,这说明当北京市城镇常住人口较上一季度增加1%,北京市本季度房地产泡沫水平增加4%;X_3的系数为 -1.73988409509,这说明北京市城镇从业人员平均工资较上一季度增加1%,北京市本季度房地产泡沫水平降低1.7%;X_4系数为 -0.220662152375,这说明房地产开发企业住宅投资完成额较上一季度增加1%,北京市本季度房地产泡沫水平降低2%左右;X_5系数为 -0.177665098709,这说明北京市房地产开发企业销售面积较上一季度增加1%,北京市本季度住宅市场泡沫水平降低2%左右;X_6系数为0.359367746211,这表明金融对北京市住宅产业的支持较上一季度提高1%,北京市本季度房地产泡沫水平增加3%—4%,这符合我们的预期和一般的理论分析;X_7前面的系数为0.510738300863,这表明北京市开发企业投资完成额中土地购置费比重较上一季度提高

1%，北京市本季度住宅市场泡沫水平增加0.5%左右。从各解释变量的回归系数来看，对北京市住宅市场市场泡沫水平影响按照从大到小的顺序依次是人口因素、收入因素、预期因素、地价因素、销售因素、投资因素、金融支持因素。如果以销售因素和投资因素的加总代表供给因素则大体与金融因素相当。除销售因素和投资因素、收入因素对北京市住宅市场价格泡沫水平影响为负外，其余均为正。其中人口因素的影响最大，几乎等于其他影响因素大小的绝对值之和，这说明当前北京市住宅市场泡沫水平主要是因为北京市城镇人口增加太快引起的。第三位的预期因素对北京市住宅市场泡沫的助涨作用仅次于收入因素的负向作用，这说明投机因素对北京市住宅市场中泡沫起了相当大的作用。投机资本在这一时期北京市住宅市场有效需求的总购买资金中占了相当大的比例，需要引起我们的注意。地价因素前面的系数0.510738，假定其他因素不变，地价上升对北京市住宅市场泡沫的正向拉动作用竟然完全抵消了供给增加对房价的负向拉动作用。这一方面说明北京市1999—2015年住宅用地价格上涨幅度较大；另一方面说明了房价的泡沫中有一半应归功于地价的泡沫。

（五）误差修正模型

前面只是从长期趋势分析了北京市住宅泡沫的影响因素，下面我们从短期波动的角度，分析北京市住宅市场泡沫短期波动的影响因素，对北京市住宅市场泡沫水平的波动进行进一步分析，使我们的分析与实际更为吻合。因此，我们建立误差修正模型来进一步分析北京市住宅泡沫水平短期波动的影响因素。

1. 误差修正模型的建立

表6-7 误差修正模型结果

Variable	Coefficient	Std. Error	t-Statistic	Prob.
C	-0.039228	0.028972	-1.353972	0.1828
D (X1)	0.733475	0.275806	2.659392	0.0110
D (X2)	4.133062	2.540494	1.626873	0.1111
D (X6)	0.228685	0.115627	1.977777	0.0544
D (X7)	0.228909	0.140050	1.634485	0.1095
ET (-1)	-0.373814	0.118255	-3.161093	0.0029
R-squared	0.402822	F-statistic		5.801066
Adjusted R-squared	0.333383	Prob (F-statistic)		0.000353
Sample (adjusted):	2003Q2 2015Q2	Durbin-Watson stat		1.997461
Included observations	49			

2. 误差修正模型分析

从误差修正模型可以看出，DX_3、DX_4、DX_5没有通过检验，表明DX_3、DX_4、DX_5对北京市住宅市场泡沫水平的短期波动基本没有什么影响。对数的差分本身就代表着增长率，DX_3代表收入的增加率变动，DX_4、DX_5代表供给的增加率变动。这可以理解短期内城镇居民收入变动不会太大，住房的生产周期较长，短期内一般变化不大，因而短期内的收入和供给方面的变化不易引起影响房价的突然变动，也就不易使较短时间内住宅价格泡沫水平突然变动。DX_1、DX_2、DX_6、DX_7、$ET(-1)$通过了检验，这说明无论就长期趋势还是就短期波动而言，X_1、X_2、X_6、X_7都是影响北京市住宅泡沫水平的主要因素。$ET(-1)$的系数为负，符合反向修正，这进一步证明了我们前面建立的协整回归的正确。$ET(-1)$的系数为-0.373814，这说明上一季度住宅泡沫水平与各变量的误差以-0.373814的比例对本季度的住宅泡沫水平进行着修正。LM检验和ARCH检验的Prob. Chi-Square值都远远大于0.05，表明模型不存在序列相关和异方差。

从表6-7可见，建立的误差修正模型如下：

$$Y = -0.0392275687086 + 0.733475348602 * X_1 + 4.13306191444 * X_2 + 0.228908908909 * X_6(-1) + 0.22868515693 * X_8(-1) - 0.373814213037 * ET(-1)$$

对数的差分本身就代表着增长率，DX_1本身就代表比例的变化，DX_1、DX_2、$DX_6(-1)$、$DX_7(-1)$的系数分别是0.320915、4.816533、0.129405、0.254113，这说明北京市住宅价格年度环比增加率增加1%，本季度北京市住宅价格泡沫水平增加0.7%左右；城镇常住人口季度增加率增加1%，本季度北京市住宅价格泡沫水平增加4%左右；北京市住宅产业金融支持度增加1%，本季度住宅泡沫水平增加0.2%左右；房地产开发企业投资完成额中土地购置费的比例增加1%，本季度北京市住宅泡沫水平增加0.2%左右。

从北京市住宅泡沫的短期波动影响因素来看,人口因素的影响最大,远远大于其他因素,预期因素次之,地价因素第三,金融支持因素第四。

(六) 实证结论及其分析

1. 基于实证结论的总分析

从北京市住宅泡沫水平变动的长期趋势和短期波动的影响因素来看,北京市住宅泡沫水平的变动最主要的因素是北京市城镇人口增加太快。住宅的供给与需求失衡造成住宅价格上升太快,引起适应性预期产生,投机资本加入。当房价上涨速度较快时,投机者的预期收益更高,助长房价更快地上涨,供求失衡带动地价飞涨,地价上涨又在一定程度上增加了泡沫水平。对房地产业的金融支持助推了北京市住宅产业的上涨,而供给的增加会减少住宅泡沫水平。

北京市的城镇人口一直以较快的速度增长,从1999年的971.7万人增加到2015年的1877万人,增加了905.3万人,年均增加56.58万人。这样的人口增长速度自然会推动住房的需求。假定仅考虑新增城镇常住人口的住房需求,不考虑原北京市城镇居民的改善性住房需求,按照北京市2015年的人均建筑面积31.69平方米计算,1999—2015年间北京市每年需完成的竣工面积为1793.02万平方米。而北京市1999—2015年总共竣工面积为28779.37万平方米,年均住房竣工面积1692.91万平方米。在这样的人口增长速度下,预期和金融支持的投机推波助澜,北京市住宅市场的泡沫实际上是一种必然。

表6-8 1999—2015年北京市城镇常住人口变动状况

年度	常住人口（万人）	年度区间	人口增量（万人）	年度区间	年均人口增量（万人）
1999	971.7	1999—2004	229.5	1999—2004	38.25
2004	1187.2	2005—2010	499.2	2005—2010	83.2
2010	1686.4	2011—2015	190.6	2011—2015	38.12
2015	1877	1999—2015	905.3	1999—2015	56.58

注：根据北京统计年鉴数据整理。

表6-9 1999—2015年北京市城镇住房供给状况

年度	竣工面积（万平方米）	年度区间	竣工面积总和（万平方米）	年度	竣工面积（万平方米）
1999	908.26	1999—2004	9666.22	1999—2004	1611.04
2004	2343.95	2005—2010	11399.7	2005—2010	1899.95
2010	1498.48	2011—2015	7713.45	2011—2015	1542.69
2015	1378.22	1999—2015	28779.37	1999—2015	1692.9

注：根据中经网统计数据数据整理。

这也可以从2011年后北京市住宅价格的上涨和住宅市场泡沫的上升看出。2011年后北京市的限购令、新一届政府强力反腐和不动产条例的即将公布,北京市住宅市场上的投机基本被限制,但是房价仍然从2012年的16553.48元/平方米上涨到2015年的22300元/平方米,住宅市场的泡沫水平4.28上涨到 6.39。

预期因素在对住宅泡沫正向影响中居于第二位的重要地位，这可能与当前我国居民投资渠道较窄有关。随着改革开放，我国人民的收入不断增加，储蓄不断增加，但是可供选择的投资渠道太少。股市不发达，并且长期处于熊市状态，牛三年、熊七年，投机气氛重，普通的股民难以把握赚钱机会。当前国家政策对民营企业投资和发展的诸多限制和我国的制度环境等，使得投资实体的民营企业生存和发展的空间受到限制，我国公民的创业热情远没有得到应有的激发。在这种制度背景和投机气氛浓厚的环境里，我国公民更愿意投资于住宅市场。北京住宅市场这十几年高速发展，由此引起的投资气氛可能更为浓厚一些。

2. 实证研究结论与理论分析结论的对比与吻合

从北京市城镇年度人口增加数字来看，1999—2004 年人口增量为 229.5 万人，年均人口增长 38.25 万人，而 1999—2004 年的人均住宅建筑面积从 16.88 平方米上升到 21.49 平方米。即使按照 2004 年人均住宅建筑面积 21.49 平方米计算，每年仅考虑为满足新增人口需要的住宅竣工面积为 821.99 万平方米。1999—2004 年北京住宅竣工面积为 9666.22 万平方米，年均为 1611.04 万平方米。因此这一阶段充足的供给是住房价格水平基本持平的原因。这和我们针对这一时期的理论分析有吻合之处。

2005—2010 年间城镇人口增加速度明显加快，2005—2010 年人口增量为 499.2 万人，年均人口增量为 83.2 万人。2005—2010 年人均住宅建筑面积由 22.03 平方米增加到 28.94 平方米。按照 2010 年人均住宅建筑面积计算，每年仅考虑为满足新增人口需要的竣工面积为 2407.81 万平方米。而 2005—2010 年竣工面积总和为 11399.7 万平方米，年竣工面积为 1899.95 万平方米。供给和需求的失衡是这一阶段住宅价格大幅上涨、泡沫不断增加的原因。

2011—2015 年间城镇人口增加速度减慢，在这一阶段人口总增量为 190.6 万人，年均人口增量为 38.12 万人。这一时期人均住宅建筑面积从 2011 年的 29.38 平方米增加到 2015 年的 31.69 平方米。按照 2015 年人均住宅建筑面积计算，年均住宅需要量为 1208.02 万平方米。而 2011—2015 年总的竣工面积为 7713.45 万平方米，年均竣工面积为 1542.69 万平方米。因此，这一阶段相比上一阶段较为充足的供给在一定程度上缓解了住宅需求的紧张局面，住宅需求的价格上升幅度不大。

以上仅仅考虑为了满足新增人口需求的住宅竣工面积，实际上，北京市人均住宅建筑面积从 1999 年的 16.88 平方米增加到 2015 年 31.69 平方米，考虑到住宅改善需求，那么可以认为，巨大的北京市住宅需求缺口是造成这一时期住宅价格不断增加，也是这一时期北京市住宅市场泡沫长期趋势不断上升的原因。这和我们在上一章理论分析方面对于供求失衡影响因素的认识基本吻合。

（七）实证研究结论和理论分析结论的综合与总结

1999—2015年北京市住宅市场泡沫之所以增加如此迅猛，从2000年的-1.471增加到2015年的6.386，是在1998年7月3日开启的住房市场化大门这一重要制度背景下，以下几个因素共同发挥的作用：北京常住人口增加太快导致的供求缺口是这一时期住宅泡沫增加过快的最主要原因，预期因素引起的投机是第二位的原因，地价增长较快是第三位的原因。北京市城镇人均GDP、住宅投资额、住宅销售面积的增加则有助于降低北京住宅泡沫水平。当北京市城镇常住人口增加速度较快时，住宅泡沫水平增高较快，反之则慢；当预期引起的投资增加较多时，住宅泡沫水平增高较快，反之则慢；当土地购置费占住宅投资额的比例较高时，住宅泡沫水平增长较快，反之则慢；收入因素、销售因素、投资因素则起了相反的作用，当收入增加较快时，住宅泡沫水平受到抑制，增长较慢，反之则慢；当销售增加时，住宅市场上有效需求得到满足，住宅泡沫水平下降，反之则上升；当住宅投资增加时，供给增加，住宅泡沫水平下降，反之则上升。这是关于长期趋势的分析。

而对于短期趋势来看，影响因素由大到小依次是人口、预期、地价、金融支持因素。人口、预期、地价、金融支持因素发挥作用，这可以理解，因为就短期而言，收入、住宅销售、住宅供给、住宅投资的环比变化可能不大。

实际上，无论就长期趋势还是短期趋势而言，政府对住宅产业发展的监管和调控政策都是重要影响因素。政府对住宅产业的监管和宏观调控可以通过改变投机者的预期、改变住宅产业个人购房金融支持的政策、改变住宅销售额、开发商的投资完成额，也可以通过上述的改变倒逼地价的改变。也就是说，政府对住宅产业发展的监管和调控政策通过上述因素可以改变北京住宅市场上的泡沫水平。但是，同样，我们还应该看到，在当前北京住宅市场化的背景和巨大的城镇常住人口数量等客观条件下，政府只能在有限程度上降低北京住宅市场泡沫水平，更多的是抑制其增长速度，而非降低住宅泡沫水平，更不能消灭当前北京市住宅市场的泡沫。

七 降低泡沫水平、促进北京市住宅市场健康发展的政策建议

第六章的实证研究不仅检验了我们理论分析的的正确性,而且使我们更深入地理解了北京市住宅泡沫的影响因素及其大小,而结合理论分析结论与实证研究结论的总结,对降低北京市住宅市场泡沫的政策建议提供了重要依据和重要参考。在当前住宅市场化的制度背景下,北京市住宅泡沫的最重要原因是供给太少,而需求旺盛。面对北京市不断上涨的住宅市场泡沫水平,本文认为,可以采取两方面措施:一是直接措施,采取这些措施能够直接对北京市住宅市场泡沫水平的下降发挥作用,直接措施主要起到治标的作用;二是间接措施,采取这些措施可以间接对降低北京住宅市场泡沫水平发挥作用,间接措施主要起到治本的作用。就直接措施而言,增加配租配售类保障性住房的供应,完善保障性住房监管机制;应该分化北京城市职能,以降低住宅市场泡沫水平;继续实行限售和针对二手房严

降低泡沫水平、促进北京市住宅市场健康发展的政策建议

格限贷政策；为了抑制不断上升的北京市住宅泡沫水平，政府应该加快房产税的出台。就间接措施而言，北京市应该进一步转变经济发展方式；理清中央政府和北京市政府之间的财税体制，强化土地财政的监管；拓宽普通投资者的投资途径。

（一）增加配租配售类保障性住房的供应，完善保障性住房监管机制

1998年我国开始住房市场化的改革，但国务院《关于进一步深化城镇住房制度改革，加快住房建设的通知》的第三条规定"建立和完善以经济适用住房为主的住房供应体系"。从中可以看出，中央政府考虑到了我国居民的收入状况和商品住房的价格，住房改革的初衷并不是要把中低收入群体的住房问题全部交给市场解决。

1. 增加配租配售类保障房的供给

1999—2014年，北京市保障性住房竣工面积总计为4328.5万平方米。① 1999—2014年保障性住房竣工面积可以分为三个阶段：1999—2003年为第一阶段，这一阶段保障性住房竣工面积占住宅竣工面积总和的比例在12%—18%之间②；2004—2007为第二阶段，这一阶段保障性住房的比例逐年下降；

---

① 根据北京统计信息网、中经网统计数据库提供的数据整理。
② 根据北京统计信息网、中经网统计数据库提供的数据整理。

2009—2014 为第三阶段，这一阶段保障性住房的比例最高，平均在 20% 以上。① 当前符合保障性住房申请条件的人太多，而每年建造的保障性住房有限，1999—2014 年北京市保障房的年均竣工面积只有 270.53 万平方米②，这样的供应量显然难以满足北京市不断增加的城镇人口的需要，供不应求。

表 7 - 1　1999 - 2014 年各类保障房总竣工面积及占保障房总竣工面积的比例

各类保障房	经济适用房	限价房	公租房	廉租房
面价（万平方米）	2966.4	1069.3	279.8	21.2
占比（%）	69	25	6	1

注：根据北京统计信息网、中经网统计数据库数据整理。

北京市保障性住房包括经济适用房、限价房、廉租房、公租房等形式。从 1999—2014 年各种类型保障性住房竣工面积来看，其中经济适用房竣工面积为 2966.4 万平方米，限价房竣工面积为 1069.3 万平方米，公租房 228.3 万平方米，廉租房 21.2 万平方米。从表 7 - 1 可以看出，经济适用房竣工面积总和占到北京保障性住房竣工面积总和的 69%。经济适用房是这一时期北京市保障性住房的最主要形式。1999—2008 年，经济适用房竣工面积总和更是占到北京保障性住房竣工面积总和的 86%。

---

① 根据北京统计信息网、中经网统计数据库提供的数据整理。
② 根据北京统计信息网、中经网统计数据库提供的数据整理。

降低泡沫水平、促进北京市住宅市场健康发展的政策建议

2009年起,北京市保障性住房中的限价房、公租房、廉租房等逐渐增加。这样的供给结构并不合理。经济适用房是指具有社会保障性质的商品住宅,它是根据国家经济适用住房建设计划安排建设的,是由国家统一下达计划、用地实行由地方政府行政划拨方式、免收土地出让金、对各种经批准的收费实行减半征收、出售价格按保微利的原则确定的,具有经济性和适用性的特点。北京市政府建住〔2008〕225号年文件的规定中,并没有关于经济适用房的退出条文,实际上可以终生享用。经济适用房使用者可以在缴纳土地转让金后在市场上出售,这就又给予经济适用房使用者的投机空间。① 这样就使得经济适用房享用者的收入财产状况已经不符合经济适用房的照顾条件后,仍然可以继续享用,甚至可以以此谋利,从而减少了真正需要者的获得机会。

同时,有限的保障性住房的主要供应对象为体制内单位。仅以经济适用房为例,从1998年至2008年10年间,北京市一共就经济适用房建设发出44个建设项目工程规划许可证。值得注意的是,在这些建设项目工程许可中,用于中直机关单位、军队系统、其他体制内单位经济适用房建设项目共计27个(这些项目建成后均在单位定向分配,不进入市场),最终获得建设许可证、可用于市场交易的经济适用房项目只有17个。② 北

---

① 《关于已购经济适用住房上市出售有关问题的通知》(京建住〔2008〕225号),http://news.163.com/10/0326/17/62NIHAT7000146BC.html。
② 章剑峰:《北京保障性住房供地嫌疑》,载《南风窗》2008年第8期。

京市经济适用房主要面向体制内职工分配，既有历史原因，也有住房改革初期体制内职工收入水平较低，难以承受商品房市场上较高价格有关。面向社会分配的北京市保障房的数量有限，就使得中低收入阶层只能到完全市场化的商品房市场上解决住房问题。北京体制内单位职工的平均收入一般高于中低收入阶层，大多供向体制内单位，就使得这部分群体在获得保障房后，有机会在市场上炒作商品房。这两者都推高了北京市场泡沫水平。

考虑到北京市体制内人员的收入已经大幅增加以及当前经济适用房政策的种种弊端，北京市政府2014年出台政策，不再建设经济适用房和限价房，将来主要建设配租配售类保障性住房。配售类类似于经适房或限价房，与原经适房的不同在于北京市政府规定配售房只能按政府规定的定价方式出售给政府；配租类是指公租房、廉租房。北京市政府应当一方面坚持这样的政策，另一方面增加配租配售类保障房以及保障房总量的供给，这样可以减少对城镇住房的刚性需求，也能减少经济适用房享受主体在商品房市场上炒作的机会，达到抑制住宅市场泡沫的目的。

2. 保障性住房的申请、审核、衔接、退出制度存在缺陷

（1）保障性住房的申请、审核制度存在缺陷

当前我国的信用条件不具备，申请人住房、财产和收入状

降低泡沫水平、促进北京市住宅市场健康发展的政策建议

况一般由申请人的单位证明,而审核部门主要是北京市区县住房保障管理部门。由于对于保障房的申请、审核的相关监管和惩罚制度不完善,申请人较易弄虚作假,而监管部门即使疏于职守也不易受到惩罚。当前不同类型保障房均存在审核监管程序和制度不完善的问题,骗取各种保障房的事例屡见不鲜。2005年6月21日《京华时报》报道,北京市房地产中介机构的调查数字表明,在位于昌平区的回龙观和天通苑两大经济适用房社区内,房屋出租率已占全区租赁交易总量的78.8%,多数购房者把所购经济适用房当成一种投资。① 骗取保障房的人获得保障房后,就有机会在商品房市场上兴风作浪,助涨北京住宅市场的泡沫水平。

(2)当前北京市不同类型保障房的衔接及退出机制存在缺陷

北京市保障性住房实行分类保障,符合保障性住房申请条件的申请人,还可以按照其住房、收入和财产状况从低到高分成不同层次。最低的层次符合廉租房申请条件,较低的层次符合公租房申请条件,最高的层次可申请购买经济适用房和限价房。然而没有考虑不同类型的保障房之间如何衔接的问题,比如享用者不符合廉租房享用条件了,是否符合配售类保障房享用条件?不同类型的保障房之间如何衔接?北京市保障房相关

---

① 王格格:《北京经济适用房政策的链式反应及其对待》,载《经济研究导刊》2011年第3期。

制度中缺乏保障房退出体制，也缺乏根据享用者的收入和资产的动态变化匹配不同类型保障房的衔接体制。这样的结果就是当享用者的收入状况和其使用的保障房不匹配时，仍继续享用。当收入状况已经不符合保障房享用条件的人继续占有保障房时，就增加了他们参与商品房市场投机的机会。

3. 完善保障房的申请、审核、衔接和退出的监管体制

北京市保障性住房分为经适房、限价房、公租房、廉租房。经适房、限价房、廉租房申请人必须具备北京城镇户籍，公租房申请人则包括了外来打工者。保障性住房是北京市政府对中低收入家庭所提供的具有社会保障性质的住房，北京市保障性住房的申请人家庭收入、住房、资产等必须满足一定条件。当前北京市应该完善关于不同类型保障房申请者家庭的住房、收入和财产审核制度，强化和完善对于骗取保障房者的惩罚机制，加大处罚力度，从而使真正符合条件的申请者能够获得保障房，减少骗取保障房的投机者利用制度的漏洞的可能性。

完善经适房、限价房的有关监管规定，严格执法。经济适用房是当前北京市存量最大的一类保障性住房。由于经济适用房和限价房的各种弊端，北京市政府自2014年不再建设经济适用房，而主要建设配租、配售类保障性住房。但是，考虑到经济适用房和限价房的巨大存量，和正在出售的已经竣工的经济适用房，本文认为，应该更改完善对于经济适用房和限价房的有关规定，规定自某年起，未售出的只能以政府规定的定价方

降低泡沫水平、促进北京市住宅市场健康发展的政策建议

式卖给政府。对于已经在二手房市场上卖出经济适用房的原购买人，应该严格核查是否按照北京市经济适用房交易的管理规定上交土地补偿金和与市价之间的差价等。骗取经适房和限价房的应该依法收回，用于符合保障房申请条件的家庭，并按照配售类保障房管理方法管理。

加强对于保障房享用者的住房、收入、资产等状况的动态管理，完善不同保障房之间的衔接机制和保障房退出机制的制度建设。应该加强对于不同类型保障房享用者的家庭住房、收入和财产动态审核机制的制度建设，完善诚信奖励和欺骗惩罚机制。从而促使已不符合保障房享用条件者退出保障房，促进保障性住房的享用者在不同类型的保障房之间的变动，或者根据收入变动状况及时调整租金水平。

（二）分化当前北京城市职能，降低住宅泡沫

由第六章的实证研究可以看出，北京市住宅市场泡沫过高的主要原因在于供需严重失衡，在于每年的住宅竣工面积远远低于潜在需求，供给严重不足，而竣工面积较小的根本原因在于每年供应的土地面积不足。

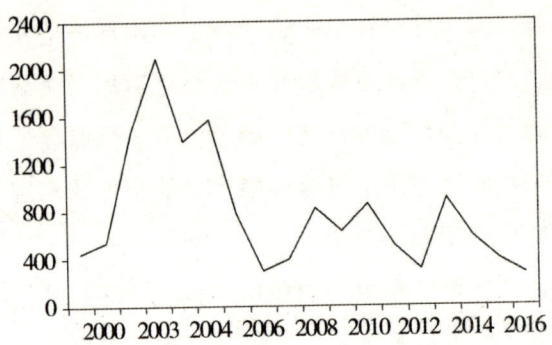

图7-1 1999—2016年房地产开发商历年土地购置面积

注：根据中经网统计数据库、北京统计信息网数据整理。

图7-1为1999—2016年房地产开发商历年土地购置面积，可以看出，购置土地面积大致呈递减趋势，之所以如此，是因为北京市国土资源局提供的用于房地产开发的土地面积呈逐年递减趋势。随着经济社会的不断发展和北京市城镇人口的不断增长，北京市城市建设用地面积已经由1999年488平方公里增加到2015年的1597平方公里。[①] 当前，北京市五环之内已经基本无地可供，国土资源局拍卖的土地离北京功能核心区和功能拓展区越来越远。

城市的规模不能无限扩张，主城区过大带来了居住、工作、生活、交通等诸多问题，使北京主城区及其周边的资源难以承担。北京作为首都，是我国政治、经济、科技、文化、教育的中心，具有其他城市难以相比的各方面资源优势。这些优势吸

---

① 数据来源于中经网统计数据库。

降低泡沫水平、促进北京市住宅市场健康发展的政策建议

引各地人口争先恐后地来到这个城市,造成北京住宅泡沫水平的不断提高。当前北京市核心功能区的住宅价格已经超过 10 万元/平方米。我们看到,北京市住宅泡沫是因为城市不断向外扩张,城市新区的房价较低的原因,如果以主城区的房价计算,北京市的住宅市场泡沫水平已经到了可怕的地步。因此,必须对北京市主城区的功能进行分化。本文认为,首都主城区主要承担政治服务中心的功能,其他功能都可以由主城区周边区域或城市承担。也就是说,当前北京的经济教育文化科技中心等职能,都可以通过向主城区的周边区域分化疏解。2012 年 6 月北京市政府提出把通州区建设成为"北京城市副中心",2017 年 4 月 1 日党中央提出建立"雄安新区"的历史性规划,正是基于疏解北京主城区人口、解决北京"大城市病"及城市住宅泡沫水平过高等一系列问题而做出的重要决策。将北京市行政机关迁至通州区,将北京的学校、医院、企业等机构的一部分迁移到通州区,建立城市副中心;设立"雄安新区",将北京的企业、学校等机构的一部分搬迁至"雄安新区",都可以分化疏解北京的经济文化教育中心等功能,这无疑是我们应该坚持的正确方向。建设好"雄安新区"和"北京城市副中心",有助于分化疏解北京非首都功能,有效降低北京的人口聚集效应,起到抑制甚至降低北京市主城区人口的作用,当然有助于降低北京城市住宅市场泡沫水平。

（三）继续实行限售和针对二套房的严格限贷政策

前文叙及，自北京市政府 2010 年实行限售政策以来，限售政策越来越严，这也招致众多人士的批评。北京市的限售令规定，无法提供本市有效暂住证和连续 5 年（含）以上在本市缴纳社会保险或个人所得税缴纳证明的非本市户籍居民家庭不能购房。这确实限制了人们的迁徙自由，但是联系当前北京市住宅供需严重失衡以及缺乏有效的限制投机性购房的市场调控方法的现实，在难以区分刚需和投机性住房的情况下，必须继续采取行政性的限售政策，以扼制宅市场泡沫不断上升的趋势。

2012 年以来，我国经济增速不断下滑，为了刺激经济增长，北京市的房地产调控政策在严厉的基调上也一度有所松动，主要表现在二套房的房贷政策上面。然而事实证明，二套房房贷证策一旦松动，北京房价上涨速度就骤然加快。2017 年 3 月 17 日北京新的政策规定，居民家庭名下在本市已拥有 1 套住房，以及在本市无住房但有商业性住房贷款记录或公积金住房贷款记录的，购买普通自住房的首付款比例不低于 60%，购买非普通自住房的首付款比例不低于 80%。这样的政策显然不只针对在北京市有一套房的北京居民，还针对在北京以外城市曾经贷款购买住房的居民。本文认为，北京市住房价格高企泡沫较大，当前执行严格的二套房信贷政策虽属无奈，但必须继续坚持。

降低泡沫水平、促进北京市住宅市场健康发展的政策建议

（四）严格二手房交易的税收监管

在二手房交易过程中，税费是除房价之外的一项非常重要的支出。根据现行税法规定，目前在我国进行二手房交易，无论是买方缴纳的契税还是卖方缴纳的营业税以及个人所得税等，计税依据均为房屋交易的价格。所以部分购买、出售二手房的当事人为了减少应交税费，降低交易成本，会在二手房经纪公司的"出谋划策"下签订"阴阳合同"，以达到偷逃税款的目的。

当前二手房交易中的阴阳合同盛行，二手房交易中"阴阳合同"是指二手房的买卖双方及中介公司签订两份不同的协议合同：一份体现买卖双方真实成交价格，用于双方交易结算，称为阴合同；另一份则是提交给国土资源与房产管理局的标准住房买卖合同，此合同的成交价格作为申报纳税时的计税依据，办理房地产出售转移登记，称为阳合同。一般阳合同是一份隐瞒真实成交价格的虚假协议，体现的成交价格远远低于真实成交价格。

例如，北京市未满2年的某套普通住宅实际交易价为900万元（阴合同），网签价为400万元（阳合同），差价达500万元。买卖双方均为二套房，按规定需要交纳营业税5.6%、契税3%、个税1%，共计9.6%，则阴阳合同避税为：500×9.6%＝48万元。阴阳合同对购房者降低了成本，对卖房者增

加了收益或利润,有利于买卖双方利益的实现。因而尽管违法,在全国各地二手房交易中盛行。从2009年开始,二手房就已经成为北京市商品房成交的主导。来自市统计局的数据显示,2016年,北京市二手房成交量达到26.7万套。① 假定每套二手房房阴阳合同之间的差价为50万元,根据当前个人二手商品房交易的税收规定,按5%的综合税负保守计算,26.7万套二手房实际交易价格与合同价格出现1335亿元的差价,导致税收流失规模达到66.75亿元。税收流失只是阴阳合同造成的危害之一,由于阴阳合同降低了"购房者的税收成本",因而卖方实际获得的交易总价增加。这增加了二手房交易的获利,刺激了住宅投机。

对于当前二手房交易中盛行的阴阳合同,最有效的措施当然是加强税收监管,减少税收漏洞。由于不同房屋区域、户型、朝向、质量、买卖双方讨价还价等因素造成税务稽查机关难以准确界定某一房屋的真实价格,然而税务机关可以大致估计不同区域房产的价位区间。北京市二手房最低计税价格最近一次调整是在2014年10月。三年前的房价和如今真实的二手房价相差甚远,这为"阴阳合同"避税留下了足够空间,已经严重不符合当前北京市二手交易价格的现实。当前北京市中介结构的二手房交易信息大量上网,各级税务机关应该组织专门的人

---

① 耿诺:《谁让"阴阳合同"逃税成行规》,载《北京日报》2017年4月18日。

力物力对城市不同区域的二手房交易价格等信息进行分析归纳,从而制订较为合理的二手房最低计税价格。这无疑有利于减少投机收益,降低投机需求。

(五)加快房产税的实施

房产税是西方发达国家地方政府的主体税种。美国2007年房产税收入总额占地方财政收入和税收收入的比重分别为44.9%和71.7%,且长期保持该比例水平。① 房产税是以房产价值为课税对象,针对个人拥有房产阶段的税收。在西方国家,房产税的课税对象是经过中间组织评估的房产价值,税率一般为3%—4%②。一套市场价值100万的住房,每年需要缴纳的税收为3万—4万。房产税不仅有利于地方政府实现财政收入,而且有利于打击投机交易,抑制投机需求。尽管我国2005年就宣称要尽快实施房产税,然而由于各种原因当前仅重庆、上海实行了房产税。当前我国对于房产方面的课税主要针对的是房产交易环节,如契税、营业税、印花税、个人所得税等,这些税收虽然可以抑制住房的投机交易,但是作用有限。由于没有对房屋持有环节征税以及阴阳合同等原因,房屋产权人可以待价而沽,这助涨了住房的投机需求。

2015年3月1日,我国不动产登记条例正式实施,国土部

---

① 资料来源:http://www.census.gov/govs/estimate/historical_data_2007.html。
② 周毅:《美国房产税制度概述》,载《改革》2011年第3期。

牵头建立不动产登记信息管理平台，各级不动产信息将统一纳入国土部牵头建立的不动产登记信息管理平台，以确保国家、省、市、县四级登记信息实时共享。根据不动产登记条例的实施进展规划，2018年底个人名下住房信息会实现全国联网。这意味着各地税务稽查和征收机关可以通过统一的不动产登记信息管理平台检索个人名下在全国范围内住房产权信息。尽管不动产登记条例的出台并不表明房产税马上就要实施，但是它的出台显然为房产税的实施准备了必要的条件。

不动产登记条例的实施和统一的不动产登记信息管理平台的建立，显然为北京市实施房产税奠定了基础。税务机关可以基于统一的不动产登记信息管理平台，检索掌握住房产权人名下的所有房产。根据可能的房产税实施方案，将会对房屋产权人名下超过一定面积的房产征收房产税，标准可能是人均住房建筑面积或者家庭住房套数，这显然会减少住房投机需求，抑制住宅泡沫水平。尽管当前我国仅在重庆和上海试行的房产税税基较窄，税率较低，因而对于抑制投资的作用有限，但是将来不排除为了抑制住房投机需求而拓宽税基和提高税率的可能。这种针对持有环节的税收显然会有效抑制住房的投机需求。从北京市住宅泡沫水平来看，本文认为，在北京地区可以制定税基较宽的房产税，即与其他同类型城市相比较低的家庭人均住房建筑面积，同时对超过一定面积的住房实行相对较高的房产税税率，这显然有利于抑制住宅市场泡沫水平。

（六）进一步转变北京经济发展方式

降低北京住宅市场泡沫水平，依靠上述政策措施，更多起到的是治标的作用，要想使北京市住宅泡沫水平处于正常值区间，真正实现健康发展，本文以为，最根本的措施是转变北京市经济发展的方式，实现真正的可持续发展；转变北京市当前面临的财税体制，实现科学的分税制，强化土地财政的监管；拓宽普通投资者的投资途径。

北京和全国其他城市和地区一样，当前经济发展方式仍然较多地依靠地方政府为主的投资驱动，较多依靠资源。随着经济和社会的发展，当前北京市的主城区越来越大，自然资源越来越缺乏。这种经济增长方式显然既不符合北京市当前的现状，也不符合北京市在全国的政治经济地位。应该转变这种外延式增长方式为资源友好型的内涵式增长。

住宅产业是一种高能耗、低技术含量的产业。随着城市化程度的上升，住宅产业的增加是一种必然，那么当住宅产业泡沫越来越大，我们就应该思考是否还应把房地产业当作我国支柱产业的政策。

当前北京经济增长速度下降，其他产业不景气，北京市政府甚至更需要房地产业的复兴来促进经济增长，阻止经济的下滑。然而，如果真的这样做，带来的必然是又一轮经济的过热和住宅产业泡沫的再次扩大过程。这必然给北京市居民满足基本住房的需求带来更多的阻碍和痛苦，也会给北京住宅市场累计更多泡沫破裂风险。

GDP 不是唯一的标准，不能完全以 GDP 作为衡量一个地区经济好坏的标准，但是 GDP 低于一定指标却说明经济增长缺乏活力。因此，当前根本之计在于创造条件，进一步转变北京市经济发展方式，使更多小型企业、科技型企业、服务型经济、民营经济得到更快更持续的发展，实现北京经济发展方式的真正转型，只有这样才有机会和政策活动空间对住宅产业及其泡沫进行有效抑制。

（七）转变北京市当前面临的财税体制，强化土地财政的监管

在我国分税制的财政体制下，中央财政收入占全国财政收入的 40%，地方财政收入的总和占全国财政收入的 60%。作为一级地方政府的北京市政府，同样面临地方财政资金缺乏的问题。近十年来房地产业的高速发展，土地相关收入成为北京市财政支出的重要来源，这被称为土地财政。土地财政涉及范围较广，表现形式多样，可以粗略地划分为三类：与土地相关的税收收入（土地增值税、房地产营业税等）、土地转让金、政府的土地抵押贷款收入。[①] 据李尚蒲、罗必良测算，1999—

---

① 李尚蒲、罗必良：《我国土地财政规模估算》，载《中央财经大学学报》2010 年第 5 期。

降低泡沫水平、促进北京市住宅市场健康发展的政策建议

2007年间,北京市不含政府土地抵押贷款收入的土地财政占财政收入的均值为71.2%,含有政府土地抵押贷款收入的土地财政占财政收入的均值为282.7%。①

就土地财政而言,只有保障房地产业足够的发展,土地财政收入才有保障。因此就北京市政府而言,住宅价格较高的增速有利于房地产企业的投资收益,政府就可以获得较多的土地增值税收;较高的住宅价格有利于住宅投机和交易,从而使政府可以获得营业税等房地产交易环节税收;较高的住宅价格也会倒逼土地出让价格攀升,从而有利于政府获得更高的土地出让金,也能够使政府抵押的土地获得更多银行贷款,从而保障北京市政府的财政收入。只有有了足够的财政收入,政府才有足够的资金从事城市建设和进行投资,地方官员也会在其中有较多的寻租机会。从这个角度理解,我们会发现中央政府和地方政府实际上在房地产调控目标上存在着矛盾性。当中央政府希望地方政府执行对房地产较为严厉的调控政策时,地方政府希望折衷执行,缓解房地产面临的压力。因此,本文认为有必要理清当前中央和地方之间财税体制,同时强化对地方政府土地财政的预算管理和收支两条线管理。

---

① 李尚蒲、罗必良:《我国土地财政规模估算》,载《中央财经大学学报》2010年第5期。

（八）拓宽普通家庭和个人的投资渠道

从本文的实证研究可以看到，当前北京住宅市场泡沫之所以这么高，与预期导致的投机有相当大的关系。预期在1999—2015年北京市住宅市场泡沫水平的正向影响因素中居于第二位的重要地位，仅次于人口因素。前文叙及，为了降低投机带来的泡沫，应该采取严格银行信贷约束，继续执行现有限售令等措施。然而也应该看到这种措施只是一种堵的措施，目的只是尽量减少或阻止住宅市场投机的途径。明智的方法，应该是采取疏的措施。改革开放以来，我国居民家庭收入不断增加，储蓄不断增加，2013年北京人均储蓄已经达到175945元[①]，2015年北京城镇居民人均可支配收入达到52589元[②]。而对于普通家庭而言，可供选择的投资渠道较少。一般来讲，普通居民的储蓄有限，股市和房地产市场是他们最喜欢参与的两个市场。而我国股市自本世纪以来，除了2006—2008年和2014—2015年间有过短暂的牛市外，其余时间长期处于熊市。2007年3月30日，上证指数曾经到过3183.98点，2017年8月4日，上证指数达到3262.08，与10年前相差无几。熊长牛短，投机气氛浓厚，普通投资者难以从股市获得收益。而普通居民投资于实业，则往往受到本职工作、资本较少、缺少投资方向、个人能力等

---

① 据中经网统计数据库相关数据测算。
② 数据来源：北京统计年鉴（2015）。

因素的制约。

　　改革开放以来,我国的实体经济一直在高速增长,股市并没有反映我国经济增长的状况,这主要是因为我国股市制度出了问题。为了分流房地产投资者的投资资金,应该加强股市的制度建设,加强对中小投资者的保护和上市公司的信息披露等,使股市从投机的市场变成可供投资的场所。也要加强中小企业发展的社会环境和社会服务机构,使一部分愿意投资实业的投资者能够在实业领域有拓展的机会。

八 研究结论和展望

(一) 研究结论

本文梳理了住宅泡沫的共性影响因素;在对不同房地产泡沫测度方法研究的基础上,选择房价收入比作为测度住宅市场泡沫的指标;回顾北京市住宅市场发展的历史脉络,把北京市当代住宅市场的发展分为四个历史阶段。主要以这三者为前提,基于新历史学派的研究方法,以北京市住宅市场泡沫水平及其影响因素为主线,从历史的视角直观考察了北京市1987—2015年住宅市场泡沫水平演变的状况以及各影响因素的状况,结合住宅泡沫共性成因的理论分析了1987—2015年间不同阶段北京市住宅泡沫变动的原因。并采用实证研究对北京市1999—2015年住宅泡沫水平影响进行研究,最后在理论分析和实证研究的基础上,提出降低北京市住宅市场泡沫水平、促进住宅产业健康发展的政策建议。

1998—2015年北京市住宅市场泡沫之所以增加如此迅猛——从2000年的-1.471增加到2015年的6.386，期间最高达到2010年的8.073，是在1998年7月3日开启的住房市场化大门这一重要制度背景下，以下几个因素共同发挥着作用：北京常住人口增加太快导致的供求缺口是这一时期住宅泡沫增加过快的最主要原因，预期因素引起的投机是第二位的原因，地价增长较快是第三位的原因。北京市城镇人均GDP、住宅投资额、住宅销售面积的增加则有助于降低北京住宅泡沫水平。当北京市城镇常住人口增加速度较快时，住宅泡沫水平上升较快，反之则慢；当预期引起的投资增加较多时，住宅泡沫水平上升较快，反之则慢；当土地购置费占住宅投资额的比例较高时，住宅泡沫水平上升较快，反之则慢；收入因素、销售因素、投资因素则起了相反的作用，当收入增加较快时，住宅泡沫水平受到抑制，上升较慢，反之则快；当销售增加时，住宅市场上有效需求得到满足，住宅泡沫水平下降，反之则上升；当住宅投资增加时，供给增加，住宅泡沫水平下降，反之则上升。这是关于长期趋势的分析。而对于短期趋势来看，影响因素由大到小依次是人口、预期、地价、金融支持因素。

基于理论分析结论和实证研究结论的总结，本文认为，可以采取两方面措施降低北京市住宅市场泡沫水平：一是直接措施，这主要起到治标的作用；二是间接措施，这主要起到治本的作用。直接措施包括：增加配租配售类保障性住房的供应，完善保障性住房监管机制；分化北京城市职能；继续实行限售和针对二套房严格限贷政策；应该加快房产税的出台。间接措施包括：北京市应该进一步转变经济发展方式；理清中央政府和北京市政府之间的财税体制，强化土地财政的预算管理和收支两条线管理；拓宽普通投资者的投资途径。

（二）本文的不足和研究展望

本文写作较为仓促，因此在实证研究部分，没有加上政策改变的虚拟变量，只是分析了人口、预期、金融支持、投资、销售、地价、工资对北京住宅泡沫的影响，这样的分析显然不够细致。比如 2004 年我国经营性土地完全实施招拍挂前后，2006 年外汇制度改革前后，2011 年北京执行更为严格的限售令前后，加入这些政策变量的分析显然会使本文对于北京市住宅泡沫的实证分析更为接近现实。

北京市包括 14 区 2 县。实际上人们通常认为北京市住宅价格高主要指的是城六区，东城区、西城区、朝阳区、海淀区、丰台区、石景山区。尤其是东城区、西城区。对这些城市核心区域的住宅泡沫的研究才更有现实意义。本文只对北京整体进行了分析，未能分析具体的区域，这样的分析显然缺乏针对性。

本文之所以选择北京市作为研究对象，是由于以下两点原因。第一，2005 年后北京市东城区和西城区基本无地可供开发，其他四区的可供开发的土地面积也逐渐减少，近年来北京市开发的商品住宅距离这些区域越来越远。这就使我们无法对这些区域的住宅泡沫影响因素进行分析。第二，我们无法从公开的渠道中获得这些房价较高区域的相关数据。首先，没有北京市房价较高区域的统计数据。其次，我们无法从公开渠道获得房价较高城区较长时间的有效数据，如海淀区2005年前只有住宅竣工面积的数据，东城区2009年前的数据严重缺失等。这就使我们难以通过加总的方法获得这些房价较高区域的相关有效数据。因此本文只能以北京市全市范围为研究对象来研究北京住宅泡沫问题。

以上是本文的不足，也是我下一步研究的方向。下一步将寻找相关数据，加上政策变量，主要对北京市房价较高区域的住宅市场泡沫水平及其影响因素进行分析，以取得更具有现实意义和针对性的结论。

参考文献

一、中文著作

1. 成思危：《中国城镇住房改革——目标模式与实施难点》，民主与建设出版社1999年版。

2. 王子明：《泡沫与泡沫经济——非均衡分析》，北京大学出版社2002年版。

3. 谢经荣：《地产泡沫与金融危机——国际经验及其借鉴》，经济管理出版社2002年版。

4. 《中国房地产统计年鉴2000》，中国统计出版社2000年版。

二、中文译著

1. 〔美〕查尔斯·马凯、〔荷〕约瑟夫·德·拉·维加：《投机与骗局——惊人的幻觉与大众的疯狂、困惑之惑》，向桢、杨阳译,海南出版社 2000 年版。

2.〔日〕野口悠纪雄:《土地经济学》,汪斌译,商务印书馆 1997 年版。

3.〔英〕约翰·伊特韦尔、〔美〕默里·米尔盖特、〔美〕彼得·纽曼主编:《新帕尔格雷夫经济学大词典》,陈岱孙等编译,经济科学出版社 1996 年版。

三、中文期刊

1. 安鹏、蔡明超、高国华:《中国房地产泡沫的测度与成因解析——以上海市为例》,载《统计与决策》2008 年第 20 期。

2. 曹振良、傅十和:《泡沫经济问题》,载《理论·改革·发展》1998 年第 10 期。

3. 陈红艳、王秋石:《城市住宅价格合理性研究》,载《当代财经》2012 年第 12 期。

4. 韩冬梅:《基于状态空间模型的房地产价格泡沫问题研究》,载《财经研究》2008 年第 1 期。

5. 韩冬梅、屠梅曾、曹坤:《房地产价格泡沫与货币政策调控》,载《中国软科学》2007 年第 7 期。

6. 韩德宗:《基于 West 模型的房地产泡沫的实证研究——以北京、上海、深圳为例》,载《当代经济科学》2006 年第 5 期。

7. 冯利英、李海霞:《基于因子分析法的我国房地产泡沫测度分析》,载《中国房地产》2012 年第 12 期。

8. 黄瑜：《土地价格、居民收入对商品住宅价格影响的动态分析——基于状态空间模型的实证》，载《经济与管理研究》2010年第10期。

9. 黄静、屠梅曾：《基于非平稳面板计量的中国城市房价与地价关系实证分析》，载《统计研究》2009年第7期。

10. 胡岳岷、金春雨、程浩：《我国房地产价格影响因素及其作用效应的计量检验》，载《税务与经济》2011年第6期。

11. 蒋南平：《中国房地产泡沫测度指标的分析与建立》，载《当代财经》2009年第10期。

12. 焦继文、郭灿：《山东省房地产泡沫的实证研究》，载《统计与决策》2012年第10期。

13. 刘琳、黄英、刘洪玉：《房地产泡沫测度系数研究》，载《价格理论与实践》2003年第3期。

14. 刘治松：《我国房地产泡沫及泡沫测度的几个理论问题》，载《经济纵横》2003年第10期。

15. 刘洪玉、郑思齐、沈悦：《中国房地产市场中的"泡沫"与"过热"问题分析》，载《建筑经济》2003年第3期。

16. 刘洪玉、郑思齐、许宪春：《房地产业所包含经济活动的分类体系和增加值估算》，载《统计研究》2003年第8期。

17. 梁云芳、高铁梅：《我国商品住宅销售价格波动成因的实证分析》，载《管理世界》2006年第8期。

18. 梁云芳、高铁梅：《中国房地产价格波动区域差异的实证分析》，载《经济研究》2007年第7期。

19. 李尚蒲、罗必良:《我国土地财政规模估算》,载《中央财经大学学报》2010 年第 5 期。

20. 李玉杰、王庆石:《房地产业对相关产业带动效应的国际比较研究》,载《世界经济与政治论坛》2010 年第 6 期。

21. 李玉杰、王庆石:《国外房地产业与国民经济协调发展的经验及其启示》,载《东北大学学报》(社会科学版)2010 年第 3 期。

22. 李泽明、刘依依、张乾瑾:《我国房地产泡沫的实证分析》,载《统计与决策》2012 年第 14 期。

23. 李金、何雄浪:《我国房地产泡沫的实证研究》,载《中南民族大学学报》(人文社会科学版)2010 年第 6 期。

24. 吕江林:《我国城市住宅泡沫水平的度量经济研究》,载《经济研究》2010 年第 6 期。

25. 吕铮、高明:《重庆市房地产市场泡沫测度研究》,载《西南师范大学学报》(自然科学版)2012 年第 5 期。

26. 毛军:《我国城镇住宅分配制度的历史沿革及现实选择》,载《福建师范大学学报》(哲学社会科学版)1999 年第 3 期。

27. 秦岭、姚一旻:《我国银行信贷与房地产价格关系研究》,载《经济社会体制比较》2012 年第 2 期。

28. [日] 三木谷良一:《日本泡沫经济的产生、崩溃与金融改革》,载《金融研究》1998 年第 6 期。

29. 孙伟、扈文秀:《基于 R-B 模型的房地产泡沫》,载

《预测》2008 年第 4 期。

30. 石林梅、黄红梅、李玉梅：《我国住房价格的影响因素研究》，载《统计与决策》2014 年第 12 期。

31. 苏亚莉、张玉：《我国房地产价格影响因素的实证研究——基于 2003—2008 年数据》，载《江西社会科学》2011 年第 12 期。

32. 沈悦、刘洪玉：《住宅价格与经济基本面：1995—2002 年中国 14 城市的实证研究》，载《经济研究》2004 年第 6 期。

33. 徐会军、唐志军、巴曙松：《我国房地产价格增长周期波动的实证分析》，载《上海财经大学学报》2010 年第 4 期。

34. 温海珍、吕雪梦、张凌：《房价与地价的内生性及其互动影响——基于联立方程模型的实证分析》，载《财贸经济》2010 年第 2 期。

35. 魏加宁、杨坤：《日本的泡沫经济与通货紧缩》，载《开放导报》2016 年第 4 期。

36. 吴燕华、杨刚：《我国货币政策对房地产价格调控的动态影响分析》，载《现代财经》2011 年第 10 期。

37. 王岳龙、武鹏：《房价与地价关系的再检验——来自中国 28 个省的面板数据》，载《南开经济研究》2009 年第 4 期。

38. 包宗华：《"中国房地产泡沫破裂论"为什么会"破裂"》，载《中国房地产》2005 年第 1 期。

39. 王成成、王晓辉：《宏观经济对房地产价格的影响——基于中国省际的动态面板数据》，载《经济管理》2011 年第 9 期。

40. 王春雷：《长期和短期性住宅价格泡沫存在性检验——以上海住宅市场为例》，载《南方经济》2009 年第 2 期。

41. 王国军、刘水杏：《房地产业对相关产业的带动效应研究》，载《经济研究》2004 年第 8 期。

42. 王格格：《北京经济适用房政策的链式反应及其对待》，载《经济研究导刊》2011 年第 3 期。

43. 王子成、明娟：《珠三角房地产泡沫测度实证研究——广州为例》，载《经济地理》2007 年第 9 期。

44. 何国钊、曹振良、李晟：《中国房地产周期研究》，载《经济研究》1996 年第 12 期。

45. 解陆一：《经济周期视角下的银行信贷与房地产价格关系的再研究》，载《投资研究》2012 年第 11 期。

46. 修丽娜、刘湘南、黄凌翔：《房地产泡沫实证分析——以天津市为例》，载《城市发展研究》2009 年第 7 期。

47. 许光建、魏义方、戴李元、赵宇：《中国城市住房价格变动影响因素分析》，载《经济理论与经济管理》2010 年第 8 期。

48. 郑力子：《北京外商投资企业最新薪酬调查》，载《中国外资》2000 年第 5 期。

49. 徐滇庆：《亚洲经济真的复苏了吗》，载《国际经济评论》1999 年第 10 期。

50. 徐玲玲、谭红杨：《北京市经济适用房供求现状分析》，载《合作经济与科技》2010 年第 22 期。

51. 一平：《推动外资伙伴解决职工住房》，载《北京支部生活》1994年第5期。

52. 袁志刚：《房地产市场理性泡沫分析》，载《经济研究》2003年第3期。

53. 严金海、丰雷、包晓辉：《北京住房价格波动研究》，载《财贸经济》2009年第5期。

54. 叶卫平、王雪峰：《中国房地产泡沫到底有多大》，载《山西财经大学学报》2005年第8期。

55. 杨灿、刘赟：《关于房地产泡沫量的测度研究》，载《统计与决策》2008年第19期。

56. 杨朝军、廖士光、孙洁：《房地产业与国民经济协调发展的国际经验及示》，载《统计研究》2006年第9期。

57. 张清勇：《房价收入比的起源、算法与应用：基于文献的讨论》，载《财贸经济》2011年第12期。

58. 张红、李文诞：《北京商品住宅价格变动实证分析》，载《中国房地产金融》2001年第3期。

59. 张杰、李力：《十年巨变，北京住房发展问题剖析》，载《北京规划建设》2009年第5期。

60. 曾五一、李想：《中国房地产市场价格泡沫的检验与成因机理研究》，载《数量经济技术经济研究》2011年第1期。

61. 周京奎：《货币政策、银行资款与住宅价格——中国4个直辖市的实证研究》，载《财贸经济》2005年第5期。

62. 邹毅：《海南中国地产开发投资的避风港？》，载《住宅产业》2009 年第 9 期。

63．章剑峰：《北京保障性住房供地嫌疑》，载《南风窗》2008 年第 8 期。

64．赵黎明、贾永飞、钱伟荣：《房地产预警系统研究》，载《天津大学学报》1999 年第 4 期。

65．朱英姿、杨斌、刘小波：《房地产价格指数周期的宏观分析》，载《投资研究》2011 年第 7 期。

66．林颖、草藕：《郁金香投机：金融泡沫首宗案》，载《中国外汇》2009 年第 2 期。

67．国纪平：《金融风暴是怎样形成的》，载《广西城镇建设》2008 年第 11 期。

68．郑家琳：《从与美日对比中看中国高货币化率未来出路》，载《中国证券期货》2013 年第 9 期。

五、中文硕博论文

1．安辉：《现代金融危机生成的机理与国际传导机制研究》，东北财经大学博士论文，2003 年。

2．白洁：《房地产市场的蝴蝶效应分析》，西南财经大学硕士论文，2006 年。

3．程红梅：《中国当代房地产金融思想发展研究（1978—2005）》，复旦大学博士论文，2007 年。

4．陈崇：《房地产价格波动及其宏观效应研究》，南京大学博士论文，2011 年。

5. 陈雪松：《房地产业与区域经济发展的关系分析》，暨南大学博士论文，2009年。

6. 李航：《城市房地产泡沫检测及其形成机理：理论模型与经验研究》，浙江大学博士论文，2014年。

7. 宋忠敏：《上海房地产泡沫的实证研究》，复旦大学博士论文，2008年。

8. 王胜：《银行信贷扩张与房地产泡沫生成：理论、模型与实证》，西南财经大学博士论文，2008年。

9. 周京奎：《金融支持过度与房地产泡沫研究》，南开大学博士论文，2004年。

六、网络文献

1. 《8月北京新建普通住宅成交均价：东城区最高4环以内趋近10万》，中商情报网，2016年9月13日。

2. 北京金网络房地产有限公司市场研究中心编辑：《北京房地产历史十五年回顾专辑》，2005年，https://wenku.baidu.com/view/946ab80979563c1ec5da71d1.html。

3. 满燕云：《中国城市住房研究：现状与挑战》，http://siteresource worldbank.org，2009年10月22日。

4. 《国务院关于促进房地产市场持续健康发展的通知》，中国政府网，http://www.gov.cn/zwgk/2005-08/13/content_22259.htm。

5. 朱佳木：《对中国当代史定义、分期、主线问题的思考的再思考》,载《当代中国研究所网站》2010年9月13日,http://www.iccs.cn/contents/297/7898.h。

6. 中经网统计数据库 http://192.168.30.82:91/。

7. 中国统计局官网 http://www.stats.gov.cn。

8. 北京统计局官网 http://www.bjstats.gov.cn/。

七、外文文献

1. Allen, Franklin, Douglas Gale. "Bubbles and Crises," Wharton Working Paper Series, Wharton Financial Institutions Center, 2000.

2. Alpandaetal. "The boom – bust cycle in janpanese asset prices", working paper, 2007.

3. Baddeley Metal. "Structural shifts in UK unemployment 1979—2005", *Bulletin of Economic Research*, 2008 (2): 123—157.

4. Benaud B. "The 1985 to 1994 global real estate cycle," BIS Papers, 1997, No 21.

5. Bernanke& Gertler. "Monetary policy and asset price volatility," Working Paper, 1999.

6. Black R. "Noise", *The Journal of Finance*, 1986(3), 529 – 543.

7. Campbell J. Y. and Robert J. Shiller. "Cointegration and Tests of present Value Model", *Journal of Political Economy*, 1987(95): 1062 – 1088.

8. Diba, B. T. and Grossman H. L. "Explosive Rational Bubbles in Stock Prices?", *The American Economic Review*, 1988 (78): 520—530.

9. Delong, Shleifer, Summers & Waldmann. "Noise trader risk in financial markets", *Journal of Political Economy*, 1990(4), 703 - 738.

10. Feiger G. "What is Speculation?", *Quarterly Journal of Economics*, 1976(90): 667 - 687.

11. Glaeser, Edward L. Gyourko, Joseph; Saiz, Albert "Symposium: Mortgages and the Housing Crash: Housing Supply and Housing Bubbles" *Journal of Urban Economics*, 2008 (2): 198 - 217.

12. Harrison Hong, Jose Scheinkma, Wei Xiong "Asset Float and Speculative Bubbles" *Journal of Finance*, 2006(3): 1073 - 1117.

13. Harrison J. M. & Kreps D. M. "Speculative Invester Behaviour in a Stock Market with heterogeneous Expectation", *Quarterly Journal of Economics*, 1978(92): 323 - 336.

14. Hirshleifer. "Speculation and Equilibrium: Information Risks and Markets", *Quarterly Journal of Economics*, 1975 (89): 519 - 542.

15. Kindleberger. C. P. *Manias, Panics and Crashes. A History of Financial Crises*. New York, BasicBooks, 1989.

16. Kim, Kyung - Hwan, *China CDS Performance indicators Manual*. 2002.

17. M. Ball, T. Morrison. "Housing Investment Fluctuation: An International Comparison", Paper Presented to The Cutting Edge, Department Land Economy, University of Aberdeen, (1995)(9):1-2.

18. Milton Friedman. *The case for Flexible Exchange Rate, Essays in Positive Economics*, University of Chicago Press, 1953.

19. Summers L. H. "Does the Stock Market Rationally Reflect Fundamental Values?", Journal of Finance, 1986(41):591-601.

20. Satio H. "The US Real estate bubble, A Comparison to Japan", *Japan and world economy*, 2003(15):365-371.

21. Y. C. Raymond. "Causal Relationship Between Construction Flows and GDP: Evidence From Hong Kong", *Construction Management and Economics*, 1997(15):371.

22. Wu, Yangru. "Rational Bubbles in the Stock Market: Accounting of the U. S. Stock - Price Volatility", *Economic Inquiry*, 1997(35):309-319.

23. West, K. "A Specification Test for Speculative Bubbles", *Quarterly Journal of Economics*, 1987(102): 553—580.